Stiefbrüder

Katrin Rohnstock (Hrg.)

STIEFBRÜDER

Was Ostmänner und Westmänner voneinander denken

ELEFANTEN PRESS BERLIN

1. Auflage September 1995

Umschlag Holtfreter, Blank & Reschke
unter Verwendung eines Fotos von Rita May,
5 Männer auf der Dimitroffstraße
Gestaltung Gabrielle Pfaff
Gesetzt aus Stone Serif und Stone Sans
MSP Satz + Grafik GmbH, Berlin
Druck und Bindung
Offizin Andersen Nexö, Leipzig
Printed in Germany
ISBN 3-88520-563-7

INHALT

VORWORT

Was soll ein Buch über Männer in Ost- und Westdeutschland? Sind sie nicht alle gleich, die Burschen, egal wo, wie und wann sie aufgewachsen sind?

Keineswegs.

Worin aber die Unterschiede bestehen, das ist schwer zu benennen. Kaum ist eine Differenz festgemacht, so löst sie sich wieder auf: in einer anderen Altersgruppe, einer anderen Schicht. Auch die Forschung läßt uns einigermaßen im Stich. Kaum statistische Erhebungen, kaum repräsentative Befragungen, kaum qualifizierte Analysen, weder über Ost- noch über Westmänner, geschweige denn im Vergleich. Bleibt nur die alltägliche Erfahrung der Differenz.

Neugierig wurde ich vor allem durch die Arbeit an dem Buch »Stiefschwestern. Was Ost-Frauen und West-Frauen voneinander denken«.

Dabei kam ich zu dem Schluß, daß Ostfrauen aller Schichten im allgemeinen ein anderes Verhältnis zu Männern haben als (intellektuelle) Westfrauen. Ostfrauen sehen sich eher in inniger Verbundenheit mit ihren Ehemännern, Freunden, Arbeitskollegen, sie betrachten sie als Partner, während mindestens die von der Frauenbewegung beeinflußten Westfrauen ein skeptisches, zuweilen stark voreingenommenes, von Angst und Mißtrauen geprägtes Männerbild von »Macho« bis »Vergewaltiger« haben. Liegt dieses unterschiedliche Verhältnis der Frauen zu den Männern in der Differenz zwischen Ost- und Westfrauen begründet, oder haben die Männer in Ost und West tatsächlich ein deutlich anderes Selbstverständnis und Alltagsverhalten?

Zunächst plante ich, durch Interviews mit Männern aus Ost und West die Differenzen in den Einstellungen zu Frauen, Kindern, Arbeit, Erfolg, Geld etc. zu erfragen. Dieser Plan scheiter-

te aus zwei Gründen: Die Westmänner, die privat kaum von ihren Selbstzweifeln und Konflikten sprechen, referierten, sobald ich das Tonband anstellte, ihr Leben wie aus der Pistole geschossen – allerdings in den Problemschablonen von »Stern« (»Der einsame Mann«), »Managermagazin« oder »Spiegel« (»Die krankmachende Arbeitswut«).
Die Ostmänner hingegen brachten die durch die Wende, insbesondere das westliche Männerbild entstandenen Verunsicherungen indirekt zum Ausdruck, indem sie die Gespräche als Anregung zum Nachdenken und zur Positionsfindung verstanden und mir die Rolle einer Therapeutin zuwiesen.
Deshalb änderte ich meinen Plan und suchte nach Publizisten und Publizistinnen, die bereit waren, über Männer in Ost und West zu schreiben.
Auffällig viele Westmänner gaben mir die Auskunft, sie kennten keine Männer aus dem Osten. Dieses Defizit dürfte keinen einzigen Ostmann auszeichnen; Westmänner sind ihnen in den verschiedensten Rollen begegnet: als Hauseigentümer, als Eigner mit Rückgabeforderungen, als neue Chefs oder Arbeitskollegen, als Entwicklungshelfer in den Kommunen, Versicherungsvertreter oder Autoverkäufer. Die Ostmänner sind von diesen Erfahrungen emotional so aufgebracht oder so müde und inzwischen auch gleichgültig, daß sie wenig Lust zum Schreiben mobilisieren konnten. Das Thema ist facettenreich und läßt viele Herangehensweisen zu. Wie MANN sich selbst sieht, läßt sich auf zwei Wegen beschreiben: in der Differenz zu einem anderen oder in der Gleichsetzung. In den vorliegenden Texten werden beide Wege gegangen. Einmal wird die Abgrenzung zu Männern der jeweils anderen Herkunft beschrieben, zum anderen das eigene Selbstverständnis dargestellt.
Das Verhältnis zwischen den Männern aus Ost und West ist nicht weniger angespannt, von Vorurteilen und enttäuschenden Erfahrungen belastet als das der Frauen. Den gesamtdeutschen »männlichen Schulterschluß«, wie er aus westlicher Frauensicht unterstellt wird, gibt es nicht. Im Gegenteil: Die

deutsche Vereinigung hat das unbürgerliche Selbstverständnis der Ostmänner zutiefst irritiert. Ein großer Teil von ihnen fühlt sich von den westlichen Geschlechtsgenossen in seinen Lebensansichten infragegestellt und verunsichert. Sie versuchen erste Selbstdarstellungen, um Handlungsweisen zu erklären und zu rechtfertigen. In der DDR war die Reflexion des Geschlechterverständnisses bei weitem nicht so ausgeprägt wie in der alten Bundesrepublik, es gab kaum eine »Kultur der Reflexion« – was nicht als Defizit begriffen werden sollte, denn Reflexion beginnt immer erst dort, wo es mit dem Gefühl problematisch wird. Selbstverständlich gibt es darüber hinaus auch genügend Ostmänner, die mit Faszination und Engagement in die traditionellen Männerrollen schlüpfen, werten sie doch den Mann als solchen auf – und die Frau als solche ab. Wie sich die Ostmänner zu dem neu-alten patriarchalen Männerbild verhalten, das hängt ganz von ihrem Milieu, der Lebensstilgruppe, zu der sie gehören, und von ihrer Mentalität ab. Aber auch an einem Teil des westlichen Selbstverständnisses scheint die Vereinigung nicht spurlos verbeigegangen zu sein. Viele Westmänner schimpfen auf die Ostmänner, weil sie mit ihren mentalen »Eigenheiten« nicht zurechtkommen, ohne jedoch bereit zu sein, ihre Enttäuschung »zu Protokoll« zu geben. In diesem Buch melden sich nur Männer zu Wort, die bereit waren, sich auf ein Nachdenken einzulassen.
Wer ein Buch über Männer zweier Kulturen herausgibt, kommt nicht umhin, die Frage zu diskutieren, was »Männlichkeit« meint. Im internationalen Diskurs ist diese Frage neu entflammt durch die veränderten Lebenswelten der nachindustriellen Gesellschaft. Neue Impulse kommen vor allem aus postfeministischen Kreisen, wo »der« Mann als Entgegensetzung zur Frau, der »Geschlechterkampf« als ein notwendiges, oft reizvolles Verhältnis proklamiert wird oder, im Gegensatz dazu, Auffassungen, die Mann und Frau – abgesehen von der biologischen Differenz – als egalitär interpretieren. Auf dem Hintergrund sich als neu ausgebender ethnologischer Erkenntnisse

werden Auffassungen über Erzeugung, Verständnis und Wert von »Männlichkeit« neu diskutiert.
Denn was als »männlich« und als »unmännlich« gilt, wann »ein Mann ein Mann« und wann ein »Schlappschwanz« oder »Pantoffelheld« ist, das hängt entscheidend von den gesellschaftlichen Strukturen, vor allem von Rollenteilung und Rollenerwartungen der Geschlechter ab.
Das allgemein verbreitete Klischee, in Ost wie West herrschte gleichermaßen das Patriarchat, muß also auf seinen Realitätsgehalt geprüft werden. Wenn die Verhältnisse im Osten für ein emanzipiertes Leben der Frauen günstiger waren, sie mit Männern im Arbeitsprozeß wie in der Privatsphäre in Partnerschaft lebten, so ist nicht nur ein Einstellungs-, sondern auch ein Lebenswandel der Männer zu vermuten. Ich wage die Verallgemeinerung, daß Ostmänner ein völlig anderes Verständnis von »Männlichkeit« haben mußten als Männer im Westen.
»Männlichkeit« konstruierte sich historisch vor allem aus drei Gründen. Erstens: In der Notwendigkeit der Verteidigung – um die Gemeinschaft nach außen zu schützen. Zweitens: Zur Verteidigung und Vermehrung des Privateigentums. Deshalb mußten drittens die Frauen entrechtet, es mußte über sie geherrscht werden, um das angehäufte Privateigentum an den biologischen Nachkommen vererben zu können. Was geschieht aber in einer Gesellschaft, in der es kaum noch Privateigentum gibt – so wie es in der DDR der Fall war?
Die »Männerfrage« erneut zu diskutieren und dabei die Erfahrungen der Vereinigung zweier verschiedener Kulturen produktiv zu machen, das war mein Anliegen mit diesem Buch.

Berlin, im Januar 1995 Katrin Rohnstock

»... und alles fest in Osthand!« schließe ich meinen Reisebericht nach der Rückkehr von der Ostsee.
»Hahaha«, macht mein Freund Thomas, »wie hast du das bloß ausgehalten? Bist du da nicht trübsinnig geworden?«
Wir bestellen noch ein Bier, sitzen einträchtig beieinander und schwelgen einvernehmlich in Vorurteilen. Herrlich.
»Sag mal«, fragt Thomas auf einmal ganz ernst, »woran erkennt man eigentlich den Ostler?«
Schweigen.
»Ja, gute Frage eigentlich«, sage ich. »Du meinst, woran man den Ostler wirklich erkennt?«
Und dann geht's so richtig los ...
Der Ostler hat'n Spürgelbart und seine Käthe halbe Dauerwelle. Hängende Mundwinkel, hängende Schultern, hängender Bauch. Ja, dickbäuchig ist der Ostler, unförmig, grillettagestählt und sättigungsbeilagengebunden. Der Ostler, Marke: trübe Tasse, trägt 'n gesenkten Blick zur Schau und redet so leise, daß du am besten dein Hörrohr dabeihast. Kommste in 'ne Ostkneipe, bricht das kollektive Schweigen aus. Maulste den Ostler aber mal an, weil er mit seiner übriggebliebenen Sprotterkiste immer noch bis knapp ans Ufer ranfährt, dann schweigt er verquält zurück, mit eingezogenem Kopf, oder er haut dir 'n paar in die Fresse, wenn er gut drauf ist. Eine Antwort erhältst du nicht.
Kommt der Ostler aber zu Fuß, was selten ist, schlurft er, als sei ihm jeder Schritt eine Qual. Wagst Du dich mit dem Fahrrad in sein Revier, mußt du auf der Hut sein, daß er dir nicht die Pedale abrasiert.
Der Ostler ist immer noch käsig im Gesicht, als hätte er jahrzehntelangen Kellerarrest hinter sich. Der Ostler erscheint immer noch im schlabbrigen Trainingsanzug am Frühstücks-

buffet. Der Ostler ist immer noch kleingeistig, spießig und stammtischverbunden, selig nur dann, wenn er der deutschen Schlagerparade lauschen darf, im Gartenlokal und an der Strandbaude.

»Haste schon gelesen«, sagt Thomas, »was da überall in den Klos und an Kneipentüren steht?«

»Wo?«

»Na drüben!«

»In Ostberlin?«

»Ja.«

»Nee.«

»Also«, hebt Thomas bedeutungsvoll an und beginnt feierlich zu rezitieren: »Der Fuchs ist schlau und stellt sich dumm«, er macht eine kunstvolle Pause, nimmt wieder einen Schluck und setzt dann, leicht beleidigt, hinzu: »Beim Wessi ist es andersrum.«

»Ach.«

»Ja!«

»Das ist drüben ein Modespruch?«

»Genau.«

»Und das trifft dich?«

»Nö, nich direkt.«

»Mehr indirekt also.«

»Der Ostler feixt dazu, Mensch!« platzt Thomas heraus.

»Nee!«

»Ja doch! Der feixt dazu und gibt sich bauernschlau. Das ist doch wohl die Härte, die Deppen sind stolz auf den Spruch!«

Ich bestelle noch zwei Bier. »Die denken wohl, man muß nur aus gestaffelter Deckung heraus das Geschehen beobachten, im Geheimen, mit Freunden die nötigen Schlüsse ziehen, um dann vielleicht zu einigen Urteilen zu gelangen?«

»Oder sich vertagen bis zum nächsten Mal.«

»Das kann dauern, biste da 'ne Reaktion bekommst.«

»Genau«, sagt Thomas, »manchmal sogar vierzig Jahre!«

»Aber dann bilden sie sich ja ein«, beginne ich nach einer Weile

wieder, »dann bilden die sich tatsächlich ein, sie könnten durchs Leben schlenkern wie die Bayerntröten zu Latteks Zeiten. Das Spiel hat neunzig Minuten, und manchmal gibt's 'ne Verlängerung von zweimal fünfzehn. Alles reine Taktik, was?«
Das Stichwort für Thomas. Schließlich ist er Fußballer! Früher Regionalliga. Mit allen Wassern gewaschen sozusagen. Heute in der Seniorenmannschaft aktiv, als ordnender Libero für »wir um vierzig«. Seit 1990 auch im deutsch-deutschen Getümmel gefordert.
»Und wir wissen ja«, legt Thomas los, »wie sehenswert deren Fußball damals war.«
»Aber höchst erfolgreich«, wage ich zu ergänzen. »Sag mal, wie spielen die Ostler eigentlich heute Fußball?«
»So, wie sie ihre vierzig Jahre überstanden haben«, kommt nun der Fußball-Ästhet in Fahrt, »verschlagen, unterwürfig, einfach doof.«
»Och, komm, das willste doch so nicht stehenlassen, oder?«
»Doch! Die klotzen bloß, hacken, hauen, bolzen, und wenn der Westler nach der ersten oder zweiten Ermahnung ruhiger wird, um nicht die rote Karte zu kassieren, dann lassen die Dödel noch lange nicht locker. Treten noch mal nach und fliegen dann prompt raus. Einfach kopflos und ohne Stil«, mault Thomas, nimmt wieder einen Schluck, guckt beleidigt.
»Gewinnen die eigentlich auch mal?« will ich wissen.
»Das ist es ja, die gewinnen dann sogar noch mit ihrem hirnlosen Spiel – manchmal jedenfalls!«
»Zwei Pils noch, bitte!«
Mir fällt ein anderes selbstgefälliges deutsches Original ein: der Kutscher. Steigste beim Ostkutscher ein und nennst ahnungslos dein Fahrtziel, brettert er erst mal volle Kanne los. Bloß keine Pause entstehen lassen. (Die Uhr tickt eh schon, bevor du überhaupt Papp gesagt hast.) Regungslos verrichtet er sein Tagwerk, stoisch wie die Uhr. Fragst du ihn nach der ersten Biegung, die nicht ganz auf der Strecke zu deinem Ziel liegt, wo er denn hinmöchte, gibt er sich schwerhörig. Hakst du nach der

zweiten Schleife nach, erntest du wieder Schweigen. Nach der dritten Bemerkung wird er frech: »Ich denke, *Sie* wissen, wo sie hin wollen!«

Oder letztens, auf der Fahrt zum Flughafen. Der Kutscher als Muntermacher. Morgens um halb fünf. Mit zwei Koffern voller Bücher aste ich die Treppen runter, quäle mich durch die eng geparkten Autos – der Kutscher aber, der Ostler also? Hält sich den Bauch, die Kofferlade gastfreundlich geöffnet. Kein Laut, keine Regung. Ein stummer Vertreter seiner Zunft, erwartungsfroh und siegesgewiß. Höflich wie ich bin, hieve ich einen Buchkoffer nach dem anderen mühsam in den Kofferraum, der Kutscher in Hab-acht-Stellung reglos daneben. Vielleicht eine Spur zu servil von mir? Hatte ich eine Begrüßung überhört? Bestimmt nicht. Aber es war ja auch kein guter Morgen, wozu die Floskeln. Die morgendliche Plauderei im verqualmten Ambiente kam anschließend über ein barsches »Wohin?« mit prompter Antwort nicht hinaus.

Sind die Ostkutscher so? Wie die Kellner immer noch? Dickfellig, stieselig, unhöflich, frech, die Verhältnisse ins Gegenteil verkehrend. Dummdreist und fordernd und unwillig und allein bestimmend, womit der Kunde vorlieb zu nehmen hat. Immer bereit, sich den verweigerten Service mit Aufpreis entgelten zu lassen. Dienstleistung wie ehedem, doch nun bei zigfachem Lohn?

»Sind 'se so?« frage ich Thomas.

Auch auf dem Gebiet kennt er sich aus. Thomas ist eigentlich Sozialarbeiter. Irgendwann hatte er genug vom Herumdoktern. Nun ist er Taxifahrer, seit fünfzehn Jahren bereits. Freiwillig sozusagen. Seit einiger Zeit klagt er über das schlechte Geschäft, genaugenommen, seit vier, fünf Jahren.

»Natürlich sind sie so, keen Stil die Jungs. Auch dabei nicht. Regeln? Sind dazu da, übertreten zu werden. Auf der Straße, im Funk. Am liebsten würden 'se dir die Fuhren noch aus der Kutsche reißen. Wie meine Freundin sagt: Sind alle 'n bißchen kleinwüchsig, zu kurz gekommen wohl auch. Vielleicht zu wenig Bananen inne Kindheit gekriegt.«

»Aber andererseits«, werfe ich ein, »kennst du einen schneidigen Ostler? Selbst rotzfreche gibt's doch nicht, oder? Eher so verschlagen kiebige oder leicht verdrückte. Ja, gedrückt sind 'se oft, gedrückt, geduckt und leise.«
»Ja, genau«, sagt Thomas, »und langsam sind sie, sehr langsam. Schleppend beinah. Und das in Berlin, ja?! Ausgerechnet! Einschlafen kannste bei denen. Ist mir überhaupt 'n Schleier, wie die hier mitkommen. Diese Trägheit! Neulich sagt mir ein Fahrgast, er fährt jetzt zu den Udos ...«
»Udos? Wieso?«
»Unsere doofen Ossis! Aber«, Thomas wird wieder nachdenklich, »aber du weeßt ja nie, ist das nun Masche, um Zeit zu gewinnen für die nächste Entscheidung, oder eingefleischte Lebensmacke, weil sie aus'm Land im Stillstand stammen. Irgendwie sozialistisch ausgebremst wirken 'se.«
Mir fällt der Sänger einer ehemaligen DDR-Rockband ein. Der müßte es doch wissen, hatte ich gedacht. 1978 war er rübergekommen aus seiner sächsischen Heimat, weil er keine Chancen mehr sah. Ganz legal, mit Ausreiseantrag. Weil die Oberen froh waren, einen wie ihn loszuwerden. Rebellen waren nicht erwünscht, Unruhestifter wurden mundtot gemacht, ausgegrenzt, abgeschoben.
Richtig warm wurde er im Westen dann auch nicht. Hatte keinen Erfolg mehr mit seiner Musik, kam mit den westdeutschen Frauen nicht zurecht. Zu selbständig erschienen sie ihm, zu bestimmend, zu schwierig einfach. Lebte mit einer ostdeutschen Frau zusammen, suchte immer wieder Kontakt zu den alten, kuhwarmen Kreisen. Dissidenten und Abtrünnige wie er. Und wollte da doch gerade heraus, weil er den Stillstand nicht ertragen konnte. Selbsthaß stand am Ende, nicht mehr wissen, wohin, ständiger Zweifel. Im Westen der Kopf und im Osten der Bauch. Im Westen die Stadt und im Osten ...
Seit 1990 fuhr er wieder öfter in seine Heimat. Spürte die alte Sehnsucht im Bauch. Verliebte sich erneut in eine ostdeutsche Frau. Und kehrte von Westberlin in seine Leipziger Hei-

mat zurück, nach fünfzehn Jahren. Die Ostler sind Mensch geblieben, sagt der Heimkehrer heute. Mensch in Anführungszeichen natürlich, schränkt er sogleich ein. Die können sich noch angucken, die haben noch einen geraden, gesunden Ton am Leib, die sind nicht so verbogen, verbiestert, auf Erfolg getrimmt. Im Westen hast du dich immer zu sputen, Pause machen gilt nicht, trotz Coca-Cola. Wenn du zum Beispiel vom Urlaub zurück bist, sagt der Heimkehrer, nach fünf Wochen vielleicht, hast du zu spuren, am nächsten Tag schon. Egal, welche Bilder du noch im Kopf hast. Der Westler ist cool, sagt der Heimkehrer, unterkühlt, emotional immer auf Sparflamme. Das muß er sein, der Westler muß ja cool bleiben, sonst würde er das alles gar nicht packen. Und Erfolg, diesen alles überstrahlenden Gewohnheitsgötzen, Erfolg hätte er erst recht nicht.

»Und Nächte durchsumpfen wie wir jetzt«, schließe ich meinen Bericht, »Nächte durchsumpfen ist erst recht nicht, wenn du am nächsten Tag malochen mußt. Sonst biste im Nu weg vom Fenster, hat er noch gesagt, der Heimkehrer.«

»Na klar biste sonst weg vom Fenster, ist doch logisch! Und?« fragt Thomas, »hat er drüben nun seinen Seelenfrieden gefunden?«

»Nein, hat er nicht. Fühlt sich genauso als Fremder, hat die letzten Jahre der DDR nicht miterlebt. Findet aber auch den Osten seiner Erinnerung nicht wieder, ist nun da Fremder in der Heimat, wie er hier Fremder in der Fremde war.«

»Na siehste!« Thomas lehnt sich zurück und nimmt einen tiefen Schluck.

»Was heißt denn, na siehste? Damit ist doch gar nichts erklärt!«

»Wieso nicht? Hat er nun drüben wieder Erfolg? Hat er nicht. Ist er nun drüben wieder in der Heimat? Ist er nicht. Kann er sich nun drüben richtig wohl fühlen? Kann er nicht. Also? Ewiger Zweifler, das ist doch der Punkt.«

»Kann schon sein. Aber doch nicht nur. Wann hast du dich zum Beispiel das letzte Mal so richtig ausgesprochen und hattest das

Gefühl, der andere hört dir wirklich zu und ist auch tatsächlich interessiert an dir und deinem Leben?«

»Wart mal«, gibt Thomas zurück, guckt sich um, sieht nach der Kellnerin, winkt einem Bekannten zu, gibt die Bestellung auf, geht Zigaretten holen, setzt sich endlich wieder, blickt abwesend, fragt schließlich: »Äh – was hast du gesagt?«

»Wann du dich das letzte Mal so richtig ausgequatscht hast!«

»Du weißt doch, daß ich mit der Mutter meiner Kinder zusammenlebe und mit Sohn und Tochter ...«

»Jaja, schon. Aber wann hast du das letzte Mal so ein Beieinandersitzen erlebt? Einfach zusammenkommen und plaudern über Gott und die Welt – und womöglich auch über dich. Und all das ohne Gewese und großes Getue. So wie ich mir Frauenrunden vorstelle. Einfach interessiert sein am andern, sich hinsetzen, Zeit Zeit sein lassen, Termine Termine, zuhören, Ruhe haben. Hab ich mal in Leipzig erlebt, kurz nach dem Mauerfall. Ich kannte keinen. Und wie selbstverständlich ergaben sich Gespräche, nee, eben nicht Small-Talk. Wildfremde Leute redeten miteinander. Und sie hörten sich wirklich zu. Kaum glaublich, aber so war's.«

»Ja, weil 'se kein Telefon hatten, sind 'se einfach reingeplatzt. Und weil 'se sich sonst zu Tode gelangweilt hätten, ist doch klar. Schon mal was von Mangelsyndrom gehört? Idealisier das doch nicht, Mensch!«

Aber ich gerate richtig ins Schwärmen: »Man kommt einfach zusammen und redet miteinander, ohne Absprache, ohne Termindruck, ohne Programm und ohne dieses quälende Anschweigen, weil keiner mehr was mit dem andern anfangen kann, weil sich keiner mehr traut, offen zu sein, weil sie alle getrieben sind von der Geschäftigkeit und vom Konkurrenzkampf und weil die Glotze sonst immer so schön bequem ist und keine Reaktion verlangt. Ja, wo gibt's denn das heut noch in Europa? Vielleicht am Mittelmeer. In Griechenland oder Italien. In den männlichen Debattierrunden unter der Pinie. An einem runden Tisch vielleicht. Sag mal, war der nicht 'ne Erfindung der Ostler?«

»Jaja«, murrt Thomas, »willste jetzt den WG-Mief der Siebziger wiederhaben, oder was?!«
»Das war doch aber nicht nur doof«, erwidere ich. »Da waren wir doch mal sehr dafür. Das gab doch auch Nähe, oder? Geborgenheit ...« Merkwürdig, wie fremd dieses Wort auf einmal klingt.
»Provinziell war das«, gibt Thomas kontra, »willste das?«
»Siehste, genau«, sage ich, »Provinz! Das hat der Sänger auch gesagt. Die ganze DDR war eine einzige Provinz. Man kannte sich, man traf sich, man fuhr gemeinsam an die Ostsee, man kannte auch den neuen Mann der Ex-Frau ... Eine einzige große Familie scheint die kleine DDR gewesen zu sein.«
»Entsetzlich!« Thomas verdreht die Augen.
»Ja, Heim und Herd und Frau, das war bei denen ganz groß angesagt, um dem Staat zu entkommen und sich irgendwie durchzuschiffen.«
»Ja, weil 'se den Mut nicht hatten, sich zur Wehr zu setzen, verflucht!«
»Und bei uns? Wie ist es denn bei uns? Du, zum Beispiel! Privatisierst seit Jahren. Ja, weil du den ganzen Wahn hier nicht mehr ertragen willst. Aber auch nichts mehr dagegen unternimmst. Privatisierst mit der Mutter deiner beiden Kinder, die du immer noch nicht deine Frau nennen willst, weil du's spießig findest. Was ist damit?«
»Was soll damit sein? Immerhin wohn ich mit ihr zusammen. Und nicht wie Micha, der vor einem Jahr geheiratet hat, aber frohgemut weiter allein in seiner Wohnung lebt. Nicht, weil er sich mit seiner Frau nicht versteht. Und ooch nich etwa, weil 'se auf 'm Wohnungsmarkt keine Chance hätten. Nee, die beiden wohnen weiter in getrennten Buden, gewünscht und gewollt. Und überhaupt, was willst du denn? Laß mir doch mein kleines Glück auf Erden!«
»Na siehste, du hast es gefunden.«
»Ja und? Soll ich mich jetzt entschuldigen?«
»Nee, aber vielleicht mehr Verständnis haben für die da drüben.«

»Wieso?«
»Weil wir hier in unsrer Umtriebigkeit, in unsrer Freigeistigkeit, in unsrer gottverdammten Ungebundenheit und Singlevergnügtheit ...«
»Du doch!« gibt Thomas zurück.
»Eben. Und? Hab ich 'ne andre Welt geschaffen? Bin ich glücklich? Mitnichten!«
»Ja, nu, soll ich jetzt weinen? Ich mein, was willste damit sagen?«
»Vielleicht wär das da drüben 'ne prima Ergänzung ...«
»Die Heinis!?«
»Die noch zuhören können, ohne den andern gleich ausstechen zu müssen.«
»Die Hacktrottel auf'm Fußballplatz!«
»Die den Erfolg genauso suchen wie wir, aber vielleicht noch nicht ganz so versessen sind auf hochhackige Autos, brüllende Mopeds und den andern Blendax-Quatsch.«
»Ach, erzähl doch nüscht, das ist doch Blödsinn! Die sind doch genauso wie wir.« Pause. Thomas fühlt sich ertappt. Dann, nach einer Weile, fängt er an zu grinsen, ist sich wieder sicher, setzt nach: »Bis auf ihre Lücken eben.«
»Was für Lücken denn?«
»Na, zum Beispiel fehlen denen zehn Jahre Frauenbewegung!«
»Stimmt«, gebe ich zu, »da könn 'se froh sein. In diesem Land wird alles hundertfuffzigprozentig gemacht, und so sieht's ja nun auch aus zwischen Mann und Frau: alles vernagelt und vermint.«
»Denen fehlen aber auch zehn Jahre Umweltbewegung. Das geht denen doch völlig am Arsch vorbei, da bleibst du ruhig?«
»Stimmt. Aber: Was setzen wir dem Wahnsinn entgegen außer klugen Gedanken? Rückzug und Privatisierung. Nichtmitmachen. Verweigerung bestenfalls.«
»Hm«, macht Thomas, »ist wohl wahr. Alle sind nur noch dafür! Keiner zweifelt mehr wirklich an diesem perfekt angelegten Raffkesystem. Dabeisein ist alles.«

»Das haben wir so gewollt?«
»Ja, du mit deinen klugen Gedanken! Lebste froh? Biste zufrieden? Einverstanden mit dem, was hier so abläuft und mit dem, was von drüben dazukommt?«
»Nee, überhaupt nich«, gebe ich zu.
»Ja, was dann?«
»Ich wünsche mir immer noch was anderes. Das ist es.«
»Jaja, die Runden Tische als Idee, das fasziniert dich. Der Mensch als Idee, das zieht dich an. Es ist doch aber alles ganz anders in der Wirklichkeit, das ist doch die Krux. Und was ist denn mit unsern Bildern im Kopf, mit unsern Vorurteilen, die wir alle so einträchtig auflisten können. Stimmen die vielleicht alle nicht?«
»Doch«, erwidere ich, »an Karikaturen stimmt ja immer etwas. Aber vielleicht sind das Verzerrungen, was? Ist ja viel einfacher, munter zu beobachten und hübsch bissig zu sein, anstatt sich wirklich auseinanderzusetzen, sich einzumischen, mitzumachen irgendwie. Das ist uns ja viel zu mühselig.«
»Schön«, gibt Thomas zu, »und wie also nun weiter?«
Schweigen. Wir starren in unsere Gläser.
»Haste mal Feuer?« lehnt sich ein Typ vom Nebentisch rüber. Thomas reicht ihm die Streichhölzer. »Kannste behalten.« Und grinsend zu mir: »Paßt zu unserm Gespräch. Hab ich neulich in 'ner Kneipe in Prenzlberg mitgenommen.«
»He!« sagt der Typ vom Nebentisch. »Die Streichbeine sind ja von meiner Stammkneipe.«
»Ganz schön weit weg, was?«
»Mensch, ich wohne da!«
»Schick«, werfe ich ein, »da geht ja der Bär ab. Wie bist'n an die Bude gekommen?«
»Ich wohn da schon immer«, sagt der Typ. Erzählt, daß er Filme macht. Wieder Filme macht. Endlich Filme macht. So, wie er sich das immer vorgestellt hat. Seinen Traum vom Leben verwirklichen, irgend so etwas. Wir gucken wieder skeptisch. Naja, 'n Spinner, armer Irrer. Träumer vielleicht, schön. Aber, 'n Ost-

ler? Seltsam, der wirkt so selbstgewiß. So zuversichtlich und strahlend, der Kerl. Grader Blick, gar nicht verschlurt, glattrasiert. Ein Beuteldeutscher? Abgewetzte Lederjacke, na ja. Aber sonst? Weder gestylt noch Prototyp. Scheint irgendwie im reinen mit sich zu sein. Ich gucke zu Thomas. Der sieht in sein Glas.

»Ja dann, also, äh, laß uns mal die Tage wieder telefonieren«, sagt er dann, »ich muß langsam los.«

»Ich auch. Morgen wieder früh raus, die alte Mühle.«

Draußen winke ich einer Taxe. »Spreefunk« rauscht durch. Typisch, die Ostler blicken es einfach nicht. Echte Blindfische. Mit 'ner Westkutsche gelange ich endlich nach Haus. Drinnen ein Ostkutscher. Gar nicht doof. Findet das Ziel, ohne Umstände. Kennt sich aus. Ist freundlich, höflich, plaudert ein wenig. Hm.

Warum ist das bloß so schwer mit der Verständigung? »Wir müssen uns einander mit dem gleichen Respekt annähern, den wir für fremde Länder und Kulturen aufbringen«, hat jüngst eine Ostberliner Schriftstellerin geschrieben. Ganz schöne Aufgabe in einer ruppigen Stadt wie Berlin. Wo wir alle wie die Zuchthengste rumrasen, mit Scheuklappen an beiden Seiten. »Iss alles so schön bunt hier«, quietschte Nina Hagen vor fünfzehn Jahren, und wir waren begeistert. Warum sind wir auf einmal so befremdet?

Peter Hofmann

DIE SIEGER IM WESTEN HABEN ETWAS VERLOREN

Impressionen

Es war einmal ein Westmann, der gab den Satz von sich:
»Sieht gut aus – rein optisch jetzt.«
Ich kannte ihn nicht, dennoch wußte ich sofort, woher er kommt. Er fuhr mit zwei anderen Männern Rad (Mountain Bike klingt besser), die Brille, die er trug, war eines dieser grätigen Modelle, sein Haar war gescheitelt und blond, passend zur rosigen Gesichtsfarbe. Sein Outfit entsprach seinem Rad. Und dann eben das: »Sieht gut aus – rein optisch jetzt.«
Kein Zweifel, ein Wessi sah sich mit zwei anderen Wessis Potsdam an. Typ wohlhabender und studierender Aktivurlauber.
Warum höre ich nur Westmänner solche Sätze sagen?
Besser: Warum höre ich solche Sätze, und denke sofort an Westmänner?
Der Porzellanhändler aus Westdeutschland, der sich in Potsdam niedergelassen hat, wirbt damit, daß er nur »Produkte aus den neuen Ostgebieten« verkaufe, und ist verunsichert, wenn das hämisch lachend quittiert wird.
Allen Ernstes gesteht der Münchener Immobilienhändler, daß er »ein ehrlicher Makler« sei. In Bonn staunt mich ein ministerieller Mitarbeiter an und meint: »Sie reden ja gar nicht wie aus'm Osten.« Auf einer Westparty sagt mir ein Westgast, daß er nicht in den Osten geht, weil »die da alle so unfreundlich« wären. In Stuttgart fragt mich ein schwuler Verkäufer, ob man denn im Osten noch immer »durch ein Loch im Fußboden scheißt«.
Nie werde ich meinen ersten Besuch in Westberlin vergessen. Ich sah mir in einem Zeitungsladen die Blättervielfalt an. Die Verkäuferin fragte mich, ob ich etwas suche. Ich verneinte,

worauf sie entgegnete: »Ach – Sie sind wohl von drüben.« Eine Feststellung, halb mitleidig, halb gerührt. Ich verdrückte mich, es war mir peinlich. Wenig später sprach mich ein junger Mann auf dem Kurfürstendamm an: »Haste mal 'ne Mark für 'n armen Ostler?« Ich hätte den fast tätlich angegriffen, so schämte ich mich. Weil ich dachte, jetzt stecken dich alle in diesen Betteltopf.

Erfahrungen

Die gründlicheren Westerfahrungen konnte ich 1990 sammeln, als ich zu einem Seminar mit Jungjournalisten nach Bonn geschickt wurde. Siebenundzwanzig West, drei Ost, so die Quote. Ich fuhr mit Bammel, Selbstzweifeln und Neugierde. Die Publizistik-StudentInnen waren schick und schön anzusehen, wirkten kompetent. Das Ergebnis von drei Tagen Projektarbeit ließ mich meine Angst vergessen: Die Wessis fielen mir durch sprachliche Armut und schlechte Recherche auf, wenige machten den Eindruck, daß sie Spaß bei der Arbeit hatten. Man gab sich routiniert. Ich fuhr nach Haus mit dem Gefühl, nicht schlechter zu sein. Natürlich verkaufte ich mich lausig und fühlte mich deshalb ungenügend.
Ein sehr schmerzlicher Westkontakt entstand zum neuen Chef, den die Redaktion, in der ich arbeitete, erhielt, nachdem »die Einrichtung« (Rundfunk-Ost) abgewickelt, ich entlassen und nunmehr freischaffend war. Der Chefredakteur sollte Westwind bringen in die nach Spanplatte riechenden Büros. Er kam, der jüngste Chefredakteur Deutschlands. Wir machten zwanzig Stunden Programm mit einem Team, das früher gerade mal neun Stunden Regionalfunk produziert hatte. Überall Streß, Unsicherheit, 14-Stunden-Tage und der zum Teil verbissene Ehrgeiz, etwas Neues machen zu wollen, bevor Schamoni kaufen oder der SFB plündern konnte.
Das erste, was ich vom Chef vernahm, war die Kritik, daß es in

Westanstalten kreativer zuginge. Das heißt, es sah ihm nicht kreativ genug aus auf unseren Potsdamer Fluren. Der junge Chef hatte ein bestimmtes Bild, wie diese Kreativität daherkommen sollte. Und das Schockierendste war, als er nach zwei Jahren die Fahnen strich, daß er uns mit denselben Vorurteilen verließ, mit denen er angetreten war. Mit den freien Journalisten aus dem Westen ging er essen, pflegte Verbindungen, redete. Zu den Ostlern hielt er, fast angewidert, Distanz, was uns wiederum alle Vorurteile bestätigte. Keine Offenheit, keine Naivität, keine Neugierde. Zwei Jahre lang. Ohne Seitenwechsel.

Puzzle der Feindseligkeit

Es ist phänomenal, daß mich Einschätzungen von Westlern über den Osten persönlich treffen. Daß ich verletzt bin, obwohl man mich wahrscheinlich gar nicht meint. Ich fühle mich einem Kollektiv zugehörig, das gar nicht mehr existiert! Ich ertappe mich dabei, wie ich mich zuweilen zum Sprecher dieses Kollektivs aufschwinge, um Dinge klarzustellen, um gegen dumme Pauschalen vorzugehen und dabei neue bilde.

Ich bin plötzlich nicht mehr Peter, sondern Ossi, gleichzeitig wird aus Herrn Soundso ein Wessi. Das Gespräch sackt auf eine andere Ebene. Was eben noch persönlich begann, gerät unversehens zum Austausch von Grundsatzpapieren, Rechtfertigungen. Mißverständnisse werden nicht ausgeräumt, sondern festgeschrieben. Rede ich von Verlusten durch die Wende, werde ich in die Ecke der gestrigen Systemstützen gestellt. Reden die Westler von Gewinn, empfinde ich das als überhebliche Phrase. Denen ist nicht passiert, was uns passierte, die wurden nie in Frage gestellt. Wir müssen uns nun Fragen gefallen lassen. Und die lauten nicht selten: »War es für dich besser oder schlechter damals?« Das ist ein Hinterhalt. Gut, ich tappe in diese Falle, verteidige meine Vergangenheit, weil mir keine andere zur Verfügung steht.

Jetzt heißt es nicht mehr »DDR«, sondern »Ex-DDR« oder »ehemalige DDR« – so werden die neuen Bundesländer bezeichnet, wenn über die Vergangenheit gesprochen wird. Daß die Bezeichnung DDR schon das erforderliche Präteritum beinhaltet, daß es dieser paradoxen Verstärkung gar nicht bedarf, ist nebensächlich. Der Umbruch wird mit Freiheit, neuen Möglichkeiten, neuer Demokratie gleichgesetzt, soll uns also Zugewinn und Profit bedeuten. Daß diese simple Rechnung nicht aufgeht, wird unterschlagen. Über Verluste will niemand etwas hören, das wird entweder als sentimental oder unverbesserlich interpretiert. Der »Normalzustand« wird wieder hergestellt, der Betriebsunfall ist beendet, 40 Jahre müssen entsorgt werden – mit allem, was dazugehört.
Die Transferleistungen sind so hoch, daß sich jeder beschweren darf – nur wir nicht. Man stopft uns das Maul. Mit vollem Munde spricht man nicht – die Tischregel Nummer eins, die wir, die armen Verwandten, ständig brechen.
Das treibt mich in die Enge der Ostler. Und dort quält mich eine Art »Nationalgefühl«. Falls ich mich blamiere, blamiere ich den ganzen Osten. Ich gehöre zu einem Kadaver, dessen Organismus 1989 verreckt ist, und das zu Recht. Eine zerquetschte Eintagsfliege, die noch zuckt.
Man drängt mich in die Vergangenheit, ich gehöre nicht zur Gegenwart. Fragt sich, ob ich mich noch nicht ins Heute begeben habe oder ob mich die vermeintlich Heutigen immer wieder ins Gestern zurückdrängen.
Westmänner sind erfolgreich, Westmänner machen Karriere, Westmänner haben den Code zum Westglück. Und dieses Glück gibt es jetzt auch im Osten. Zuschlagpflichtig zudem, denn es gibt für Westimporte die Buschzulage für jeden Monat verlustiger Lebensqualität, die wiederum (natürlich!) an westlichem Standard berechnet wird. Wir kriegen keine Zulage im Westen, sondern prozentuale Abzüge für unsere Herkunft.
Wessis um die Dreißig dreschen Phrasen: »Hier sieht's aus wie 45.« Und sie kriegen wirklich nicht mit, wie verletzend das ist.

Es ist ein Bruderkrieg, der mittlerweile nur noch in trotziger Gleichgültigkeit aufflammt.

Sieger und Besiegte

»Du bist aus'm Osten? Hätt' ich nicht gedacht.« Das ist gut und anerkennend gemeint. Man stelle sich aber vor, ich würde zu einem Wessi sagen, er wirke wie ein Ossi! Eine Beleidigung erster Güte!

Dabei kümmerte man sich im Osten mehr umeinander. Es war – wie gesagt – provinzieller, übersichtlicher. Die Zeit verging gemächlich. Man nahm sich Zeit. Um mal vorbeizuschauen. Ohne Telefon; der Zettelblock an der Tür.

Nun läuft der Film schneller, im Zeitraffer. Mode, Hitparaden, Job und Privatleben – in stetiger Bewegung. Man muß rennen, um nichts zu verpassen, um den Anschluß zu kriegen. Der Film rennt am zuckenden Blick vorbei. Da bleibt nur noch Zeit für die Karikatur, für das schnelle Erkennen und Abchecken.

Es gilt: Orientieren, erkennen, einordnen. Kleben am Äußeren, deshalb diese verschlossenen Blicke, deshalb die hastige Simulation zwischenmenschlicher Beziehungen, dieser künstliche Hochdruck, dieser Appetit, den man fälschlicherweise Hunger tituliert.

Das haben wir gewonnen. Das und die parlamentarische Demokratie, die Reisefreiheit und die Macht des Geldes, des eigenen und fremden. Verloren haben wir die Zeit füreinander. Um viel zu gewinnen, haben wir zunächst alles aufgegeben. Ausgewechselt wie ein kaputtes Ersatzteil.

Der Umriß DDR, den ich aus dem Gedächtnis hätte zeichnen können, existiert nicht mehr. Gleichsam kannte die Geographie meines Gefühls und meiner Erziehung nur diesen Umriß und dachte in eben dieser Dimension.

Aber auch die Sieger im Westen haben anscheinend etwas verloren, so wie sie sich gebärden.

Ich bin verschieden

Was bin ich? Ich bin männlich, Journalist, schwul, dunkelblond.
Verfüge ich über genügend schauspielerische Talente, kann ich vieles darstellen: Zum Beispiel einen Single in den besten Jahren (der nur noch Markenjeans trägt und »Obsession« benutzt).
Meine Selbstdarstellung ist westlich geprägt, ihr sieht man den Osten kaum an.
Wer bin ich aber, daß ich überlege, was ich erzählen darf, welches Stück ich preisgebe von meinem Lebenslauf?
Warum wird verschwiegen, was prägt? Heißt kenntlich sein, verletzbar sein?
Von klein auf lebte ich an der Grenze, sah täglich die Häuser jenseits. Aber: Es war Ausland. Deutsches Ausland. Ich winkte den Grenzsoldaten zu, die auf Lastwagen am Haus meiner Eltern vorbeifuhren. Diese dreifachen Zäune machten keineswegs den Eindruck, ein Provisorium zu sein. Höchstens im Traum war der Grenzgang möglich.
Ich ging auf die Polytechnischen Oberschule, ich war sogar bei einem Fackelzug in der Hauptstadt der DDR, war Mitglied in der FDJ, später in der SED ... Jedes Wort klingt wie ein Schuldbekenntnis, jede Feststellung verlangt nach Rechtfertigung und Erklärung.
Ich stellte mir Coca-Dosen aufs Bücherbrett, weil es lustig aussah.
Am Telefon grüßten wir die ungebetenen Zuhörer, in Briefen wünschten wir den »Durchguckern« ein friedvolles Wochenende. Auch darüber lachten wir – damals. Wir lachten über die unauffälligen Burschen an den Straßenecken. Ich lachte in überlegener Gewißheit: Das würde ich niemals tun.
Mir tun die – zum Teil schon unbewußten – Amputationen meiner Vergangenheit weh. Ich kann nicht sagen, wie es war, ich muß verdeutlichen, inwieweit ich mich gelöst habe.
Ich habe gelebt, geatmet, geliebt und gelacht. Nun wird das –

bei mir sind es immerhin fünfundzwanzig Jahre – zu einem Makel degradiert.
Wie eine Behinderung, die eine angeekelt-verunsicherte Rücksichtnahme hervorruft und bestenfalls diakonische Instinkte weckt.

Öffnungen

Ich muß reden, ich will reden. Wie ein Wasserfall. Ich möchte mit jemandem sprechen, der verstehen will, der nicht, auf Sight-Seeing durch meine Geschichte wandelnd, fotografische Zeugnisse sammelt, um der Verwandtschaft einen Diavortrag zu halten, als wäre ich eine seltene Art des gemeinen Hausschweins.
Ich bin aus'm Osten! Eine Parole, die fällt, wenn sich unterschiedliche Erfahrungswelten kurz öffnen – um hernach zuzuklappen wie Toilettendeckel.
Ich liege auf der Lauer, klopfe junge Kollegen aus den alten Ländern ab, suche ihre Schwachpunkte, halte mein Wissen zurück wie einen Trumpf, den ich ausspiele, falls es zum Pokern kommt, falls der andere auf mich losgeht.
Ansonsten begegnet mir in der Regel emotionales Brachland. Ich bin gelangweilt, weil mir kein Feuer entgegenschlägt, weil der Mann gegenüber blutleer bleibt, seinen Panzer nicht ablegt. Seine Mundbewegungen stimmen leidlich mit den Sätzen überein. Playback.

Angst

Zu DDR-Zeiten war ich auf der Hut, wenn mir jemand einen deftigen politischen Witz erzählte. Warum erzählt er das, was will er aus mir herauskitzeln?
Das war eine ungreifbare Angst. Im Beruf ging es nicht um das

»Sieg oder Stirb« des Westens. Die Existenz stand nicht auf dem Spiel, hielt man sich an die Spielregel. Die hieß: Offiziell nur sagen, was gewünscht war, oder – die Kritik raffiniert verpacken. Jetzt mache ich mir Sorgen um meinen sozialen Ab- oder Aufstieg. Morgen schon kann ich entlassen werden. Das Klima in den »Kollektiven« hat sich grundlegend geändert. Man mustert sich argwöhnisch, jeder sucht seinen Vorteil und die Chance, andere schlechtzumachen. So grassiert Angst voreinander. Es ist gleich, ob mich ein Stasispitzel denunziert oder ein Kollege hinterrücks anzählt.
Jeder ist ein Feind – dazu benötigen die keine Stasi.
Als würde diese kommunikative Kälte die Gesichtszüge in ewiger Jugend erstarren lassen. Jugend ist wichtig, und wenn der Westmann nicht mehr jung ist, dann will er wenigstens so wirken. Als ekele man sich vor Spuren, vor Falten und vor dem Verfall der Fassade. Was steckt dahinter?
Wie geht der Westmann mit seinen Erfahrungen um? Woher kommt diese allgegenwärtige Distanz, die uns Ostmännern so fremd ist? Alles und jeder trägt Signalfarben, die meinen: »Komm mir bloß nicht zu nah!«
Selbst der Händedruck entlarvt uns als Ossis. Im Westen vermeidet man Körperkontakt. Sogar »rein optisch jetzt« gilt Nacktheit offenbar als anstößig wie der offene Fick in den Dünen, wenn an den Ostseestränden die FKK-Areale auf Betreiben der Westurlauber nun hermetisch vom Textilstrand getrennt wurden.

Management

Im Osten sind Westmänner die Entscheidungsträger im mittleren Management, denn Ostmänner sind noch wenig versiert in Sachen Entscheidungen, so das gängige Vorurteil.
Ich kenne solch einen Manager. Ein Münchener Single, Ende zwanzig, Abteilungsleiter im Einkauf eines Autokonzerns. Ein

Macher. Ein Macher, der gern eine andere Frisur trüge, doch mit Rücksicht auf die Geschäftskunden die alte beibehält. Ein Macher, der schon nach anderen Positionen schielt und als Dienstwagen einen BMW Cabrio die Prinzregentenstraße hinunterfährt.
Ein Entscheidungsträger, wie er im Osten nicht gezüchtet werden konnte, weil es hier keine freie Wirtschaft gab.
Er fälle keine Entscheidungen mehr, sagt er. Er wird zwar wie einer bezahlt, der entscheide, jedoch er gäbe nur noch »Empfehlungen«. Als er jünger war, habe er noch entschieden. Da sei er schön blöd gewesen, denn wenn er sich irrte, habe er seinen Kopf dafür hinhalten müssen. Nun empfehle er nur noch und überlasse die Entscheidung den unteren Rängen, die aus den verschiedenen Empfehlungen von oben dann die Entscheidung herausfiltern müßten. Der Anzug sitzt, die Frisur stimmt. Ebenso wie Anstandsregeln und Geschäftsgebaren.
Wenn ich mit dem Macher über Politik rede, geraten wir schnell in die Sackgasse. Ja, sagte er, es sei vieles beschissen. Immobilienspekulation, Atomisierung, die konservative Revolution und die politische Interaktion, die nur noch mit leeren Worthülsen für leere Packungen wirbt. Ja, sagt er, ich hätte recht, doch irgendwann käme auch ich an den Punkt, wo ich diese ganzen Diskussionen bleiben ließe, weil eh nichts zu ändern sei.
Wir enden in derselben No-name-Street wie einst im Osten. Die Straße heißt Ohnmacht und Gleichgültigkeit, sie endet in der Nische hinter der Fassade.
Das unterscheidet nicht.
Beide – West wie Ost – drück(t)en wir uns vor Entscheidungen und Verantwortung, beide leb(t)en wir mit doppelter Identität.
Sind wir also Gleiche unter Gleichen? Haben wir nur Angst vor unserem Spiegelbild, das einen kleinen und beschränkten, auf den eigenen Vorteil bedachten Schleimer zeigt? Der Ostmann ist gezeichnet. Er hat eine Vergangenheit. Er spielt noch den Westmann nach, trainiert dessen Gesten. Er ahmt nach, übt sich in den geheimen Zeichen der Erfolgreichen, über- oder untertreibt.

Er bewegt sich im falschen Film. Andere Requisiten, andere Regisseure und Produzenten – alte Statisten.
Die neue andere Welt, die uns Ostler so blendete, die unser Nervensystem überflutete und uns zu einem Schnellkurs in Sachen Werbestrategien und Beschiß verhalf, diese Welt mußten Westmänner immer ertragen. Sie wuchsen auf im Werbe- und Marktwirtschaftstrommelfeuer. Nun sind sie immun. Was uns staunen macht, ist für sie nur scheppernde Alltäglichkeit.
Mattscheibe und Reality Show. So groß sind die Unterschiede nicht – aber fein sind sie.

Epilog

Bedroht mich der Westmann an sich? Weil er, angenommen ich verkörpere den Ostmann schlechthin, mich nicht als gesellschaftlich gleichwertiges Wesen achtet?
Ich achte ihn auch nicht. Ich nehme für mich in Anspruch, mindestens eine Erfahrung mehr zu haben.
Ich genieße mein Ossi-Sein zuweilen. Ich mag es, zu verunsichern, hämisch grinsend Vorurteile zu zitieren, um mich an entgleisenden Gesichtszügen zu freuen.
Ist »die Mauer in den Herzen und den Hirnen« wirklich ein Ost-West-Bauwerk? Sind Abgrenzungen nicht auch nötig, um sich zu definieren? Sehen uns die Westmänner nicht einfach als ganz normale Konkurrenten? Als natürlichen Feind in der Wildnis, die Marktwirtschaft heißt? Sie führen ihre Kämpfe auch gegeneinander. Wir waren als Dumme willkommene Opfer, weil wir noch dem Ost-Mythos des hilfsbereiten Kollegen und loyalen Freundes aufgesessen sind. Wir dachten, die gespielte Freude der Wessis sei echt. Und die hielten unsere echte Naivität für gespielt.
Es war alles nur ein Mißverständnis. Die Westmänner ertragen es nicht, kritisch hinterfragt zu werden. Sie haben sich nicht diesen Oberflächenwahn anerzogen, um sich die Oberfläche

von Fragen durchlöchern zu lassen. Man spricht nicht über die Kälte, sondern bleibt cool. Man redet nicht über die Schäden, um heil zu wirken, obwohl das kaputt ist.
Ich bin einer aus dem Osten. Ich halte mich nicht an diese Riten.
Ich definiere mich nicht über Karriere, Beruf, Auto, Markenjeans, Partei oder Bürgerbewegung, weil ich das nicht mehr nötig habe. Ich bin erfolgreich, obwohl mein Konto zuweilen rote Zahlen kennt.
Ich bin zwischenmenschlich heiß und kalt. Ich bin berührbar, meine Stärke ist, daß ich zugebe, Schwächen zu haben.
Ich bin nicht infiziert vom Virus dieser Kälte, deren Symptome – »rein optisch jetzt« – gut aussehen.

P.S.: Meine große Liebe kam aus dem Westen. Ich habe nie wieder einen Mann getroffen, der so feinfühlig, offen und vorurteilsfrei war wie er. Nicht hüben und nicht drüben.

Mit der Vereinigung ist zumindest eines besser geworden. Die deutsche Seele kann sich mit bestem Gewissen der ihr ureigenen Schizophrenie widmen. Und herausfinden, warum sie sich nicht mag, wo sie sich doch endlich selbst in die Arme schließen müßte, nachdem ihr abgespaltenes anderes Ich wieder so mißverständlich nah geworden ist.
Was speist diese Unsicherheit in Ost und West gegenüber der eigenen und fremden Individualität, woher dieses fast kindliche Bedürfnis, »die da« auszugrenzen oder »die hier« zu vereinnahmen? Woher die Wucht des Wunsches, Identität festzuklopfen an so lächerlichen Dingen wie dem Trabbi, den man trotzdem fährt, oder dem Rotkäppchen-Sekt, den man erst recht nicht trinkt? Woher kommt das Bedürfnis nach gesonderter ost- und westdeutscher Identität, wo die »deutsche Einheit« gerade erst vollendet worden ist?

Entschleierte Kämpfe

Die innerdeutsche Sprach- und Verständnislosigkeit erscheint erklärbar mit dem desillusionierenden Denken Pierre Bourdieus. Der Lebensweltsoziologe Bourdieu sieht die gesamte gesellschaftliche Praxis als eine Einheit. Die Mentalitäten der Individuen sind geprägt von den sozialen Strukturen, in denen sie leben. Die Strukturen wiederum sind in ihrer Vielfalt aufeinander bezogen und dynamisch.
Die Positionen der Akteure im sozialen Raum bestimmen sich nach dem Kapitalvolumen dieser Handelnden. Dabei meint Bourdieus Kapitalbegriff nicht nur ökonomisches Kapital, sondern auch soziales, kulturelles sowie symbolisches.

»Soziales« Kapital meint die Ressourcen, die durch die Zugehörigkeit zu einer bestimmten Gruppe mobilisiert werden können. In der Alltagssprache nennen wir sie »Beziehungen haben«, »Kontakte«, »Netzwerke«.
»Kulturelles« Kapital ist das Wissen um angemessene Umgangsformen. Dazu gehören Bildung, die »guten Manieren«, der Akzent und vor allem das Wissen, wie mit »Kultur« umzugehen ist, sei es im Theater oder beim Fußballspiel. Das »symbolische« Kapital bezeichnet den wahrgenommenen Ausdruck der anderen Kapitalarten. So stehen die Bodyguards hochrangiger Personen für mehr als persönlichen Schutz, nämlich auch für den Anspruch, schutzwürdig zu sein; die Polizeimütze ist mehr als eine Kopfbedeckung, sie ist Symbol der Staatsgewalt. Statt des verschleierten objektiven Kapitalbesitzes werden symbolische Differenzen wahrgenommen.
Der Kampf um das Kapital findet auf verschiedenen Feldern der gesellschaftlichen Praxis statt. Das Verhalten der Menschen in diesen Kämpfen wird vom Habitus gesteuert. Dieser bildet sich im Laufe der Sozialisation als »Erfahrung« heraus. Menschen mit ähnlichem Habitus haben eine verwandte Lebenspraxis, stammen aus der gleichen sozialen Struktur – besitzen also die gleiche Kapitalstruktur. Sie verbindet der gleiche Lebensstil, der gleiche Geschmack. Das erscheint den Angehörigen eines Stils selbstverständlich, natürlich, weil aufeinander abgestimmt.
Die Klassen kämpfen nicht nur um die Verteilung des Kapitals, sondern auch um die Klassifikationsschemata, die die Verteilungen verstärken und absichern, mit dem Ziel, ihre Maßstäbe durchzusetzen.

Neue Formationen für neue Kampfeinsätze

So wird deutlich, warum der Einigungsprozeß die Menschen in Ost und West mit unterschiedlicher Wucht trifft. Fast alle Kapitalsorten, die aus DDR-Strukturen entstanden, sind entwertet.

Der über Jahrzehnte gewachsene Habitus verschiedenster Klassen und Fraktionen ist in den neuen Strukturen inkompatibel. Neue symbolische Systeme müssen gelernt, neuer Habitus gebildet werden.

Im Westen stellt sich die Vereinigung vor allem in der erhöhten Dynamik der Positionskämpfe dar. Verschiedene Akteure konkurrieren miteinander und versuchen, *ihre* Klassifikationssysteme im Osten durchzusetzen. In diesem Zusammenhang ist die Konstruktion einer ostdeutschen Identität der Versuch, die völlige Entwertung des eigenen Kapitals zu verhindern. Dieses Interesse teilen besonders die »Vereinigungsverlierer«, denen die Übernahme westdeutscher Klassifikationssysteme schwerer fällt, da sie benachteiligte Positionen einnehmen.

Deutlich wird dies auch in der Machtsphäre, wo Eliten miteinander konkurrieren. Sowohl die kulturellen wie die politischen Eliten der DDR bemühen sich um eine symbolische Konstruktion der ostdeutschen Identität. Einige Beispiele:

Die PDS versucht, sich im Gesamtstaat als Sprecherin »der Menschen im Osten« darzustellen, weil ihre ideologische Grundlage entwertet ist und sie als Sprecherin des Volkes in der DDR delegitimiert wurde.

Die Bürgerbewegung versucht, sich als »Gewissen der Menschen« darzustellen, ihr symbolisches Kapital sind die Erfahrungen im Umgang mit den Herrschaftsstrukturen der DDR.

Die kulturellen Eliten versuchen, sich als Bewahrer des kulturellen Kapitals darzustellen (Literatur, Kunstauffassungen), weil sie hoffen, auf diese Weise die Defizite an Diskussion ausgleichen zu können. Dieses Buch ist nicht zuletzt in diesem Zusammenhang zu sehen.

Die besondere Spannung des deutsch-deutschen Verhältnisses rührt daher, daß viele Wertentscheidungen älter sind als die Teilung Deutschlands, aber als vom »Westen« aufgezwungen denunziert werden. Sie diffundieren durch das Private, Unbewußte, die Alltagspraxis, was ihre Übernahme um so fester verankert.

Die zweigeteilte Welt: Männer-Habitus

Die geschlechtsspezifische Klassifizierung ist grundlegend in unserer Gesellschaftsform. Es gibt für alle Klassen männlichen und weiblichen Habitus, Strategien, Rollen etc.

Muß man daran erinnern, daß west- und ostdeutsche Männer nicht von Natur aus sind, wie sie heute sind? Noch unsere Großväter wurden im selben Staat geboren. Unterschiedliche Verhaltensweisen sind noch nicht alt.

Meine Perspektive: die eines dreißigjährigen schwulen Westmannes aus akademischem Feld. Ich sehe deshalb meine Geschlechtsgenossen aus dem Osten – die Sezierung der »Westdeutschen« mögen andere leisten – folgendermaßen.

Spontan drängt sich das Gefühl eines Zeitrücksprungs auf. Schon die hemmungslos ihre Bierbäuche zur Schau stellenden Endvierziger bis Rentner gemahnen an meine Kindheitserinnerungen aus den Sechzigern. Nicht im Traum denken diese Männer daran, für irgendwen, schon gar nicht für die eigenen Frauen, begehrenswert zu bleiben. Ihre Rolle in Familie und Staat war es zu bestimmen – oder zumindest so zu tun. Und natürlich auch zu gehorchen. Der Ostmann ist meist in taubengrau, fahlbeige oder ockergrün gekleidet, mit weißem Hemd und häßlicher Brille. Er spricht eher wenig, lacht nicht mit Fremden, wenn überhaupt mit seinesgleichen. Da kommen dann die kurzsilbigen, rituellen Späße der eingeschworenen Gemeinschaft über die traditionellen Themen Sport, Autos und Alkohol zum Tragen, wo jeder seinen Platz und seine Rolle hat, wo aus Männern Mitbrüder werden. Diese Generation ist geprägt von Nationalsozialismus und Kriegszeit, in der übersteigerte Männlichkeitsideale galten. Bei aller Anpassung, der Druck des Systems auf diese Männer bleibt spürbar. Sie respektieren die »Stärkeren«, haben aber deren Regeln nicht verinnerlicht.

Ein anderer Typus, der sich weniger über die Zugehörigkeit zu einer Generation als zu einer Profession definiert, ist der Apparatschik aller Grenz- und sonstigen Verwaltungsorgane der

DDR. Die sehr deutsche, sachliche Unmenschlichkeit, mit der systemkonform dem eingereisten Ausländer aus der BRD begegnet wurde, übertrug die Logik eines Zwangsregimes in den banalen Alltag. Die Identifikation dieser Art Ostmann mit der Macht war spürbar in der Arroganz, der Kälte. Nein, keine Grundsatzfragen, kein polnischer Freiheitsdrang und schon gar keine italienische Schlamperei ... die Anmeldung des West-Besuchs in der DDR hatte sofort zu erfolgen, da gab es keine Widerrede. Auch keine Nachsicht.

Im akademischen Feld hat sich ein anderer Männertyp entwickelt. Die Akademiker scheinen noch mehr Wert auf den Status als Wissenschaftler und Mann des Geistes zu legen als ihre westlichen Pendants. Die Selbstbestätigungsriten akademischer Vorträge haben bis in die Sprachfloskeln hinein die ziselierte Vielfalt eines barocken Hofzeremoniells. Die Wissenschaftssprache pflegt den Konformismus der Eingeweihten. Wo käme dieser Typus Mann wohl hin, ließe er Spielraum für rhetorische Brillanz und intellektuelle Ausstrahlung?

Die Nachkriegsgeneration des werkelnden, organisierenden werktätigen Mannes fand in der kleinen Welt zwischen trautem KWV-Heim, Datsche, Familie, Auto und Urlaub im Betriebsheim genug Raum, sich auszuleben, nach Feierabend ein Bier zu zischen und mit der Ollen Westfernsehn zu gucken. Wenig Neugier auf anderes Leben, aber auch weniger Spießigkeit wie beim analogen Typus aus den alten Ländern, der immer gleich verbieten will. Die westdeutsche Kleinbürger-Frage »Darf der das überhaupt?« war abschließend geklärt. In der Datschen-Welt wurde nur gewollt, was ging. Die politischen Machtverhältnisse waren nicht nur respektiert, sondern auch verinnerlicht. Jedenfalls scheint es mir so. Die Innenleben der Familien und die Seelen dieser Männer enträtseln sich schwerlich ohne Berührungen mit ihnen.

Ganz anders der Habitus einer Männerspezies, deren prächtigste Exemplare in Kirchgärten und Landhäusern gediehen, zuweilen sogar auf Berliner Prenzlbergen. Die Starrheit der Verhältnisse, die Festlegung der Lebensbahnen trieben sie zur Opposition. Oft im Bunde mit bewegten Frauen, ihren Kindern zärtlich zugewandt, kämpfen sie heute wieder um ein bißchen Perspektive, um eine bessere Welt. Sie wissen, wie die auszusehen hätte. Das macht sie stark. Ihre Unsicherheiten verbergen sie hinter Rauschebärten und betont bedächtigem Sprachduktus. Ihr warmherziges Lachen hat wenig perlenden Esprit. Manche von ihnen vergessen über der Suche nach Tiefsinnigkeit gar die eigene Lebensfreude.

Und die Intellektuellen? In diesem Feld teilen die Männer meist das allgemeine Trauma der West-Linken. Festgefahren in einer habituellen Anti-Haltung, worauf ein Gutteil ihres Selbstwertgefühls beruht, ist ihnen die Alternative abhanden gekommen – nicht nur der »eigentliche« Sozialismus, auch die »eigentliche« Selbstbestimmung. Natürlich ist Mann jetzt genauso vehement gegen den hereingebrochenen Kapitalismus, kritisiert mit Recht die Verlogenheiten und Misere. Doch der Versuch, eine DDR-Identität zu konservieren, gerät zur Flucht, um sich wieder nicht verantwortlich fühlen zu müssen für die Gesellschaft, in der Mann lebt. Der demonstrative Charme der Arbeiterkappen und Gysi-Brillen verdeckt ebensowenig wie die Berliner Sprechweise, daß diese Männer sich als herabgesetzt empfinden. Auch unsicher, weil sie sich den Anforderungen der verschiedenen (Femin-)Ismen nicht gewachsen fühlen. Geschult in der Aufdeckung von Widersprüchen fremder Diskurse, verbrauchen sie ihre Energien damit, ihr Selbstbild aufrechtzuerhalten gegen die uneingestandenen Sehnsüchte nach Luxus und gegen ihre männlichen Egoismen.

Ostmänner sind auch Ostväter. Meist jünger als im Westen, wo man nur im Arbeitermilieu früh Kinder bekommt, nehmen sie ihre Kinder zu mehr Gelegenheiten in die Öffentlichkeit mit als Westväter. Kinder werden nicht in einer besonderen Kindersphäre behütet, wo sich nur Familien mit Kindern treffen. Kinder sind im Osten auf der Straße sichtbar. Familienleben ist nicht nur eine private Angelegenheit. Es dominiert das Bild des sorgenden Vaters, der die Kleinen als ebenbürtige Menschen akzeptiert und versucht, sie am Alltag teilnehmen zu lassen, ohne großes Westbrimborium aus der Spielzeug- und Kleidungsindustrie. Möglicherweise war die Trennung zwischen öffentlicher und privater Sphäre in der DDR weniger bestimmend als im Westen.

Dem entgegengesetzt, gibt es häufig die erschütternd autoritäre Erziehung mit körperlicher Gewalt. Nirgends scheinen Kinder mehr angeschrien und geschlagen zu werden als im Osten Berlins.

Trotz aller Vielfalt des männlichen Habitus im Osten weisen die Männer doch Gemeinsamkeiten auf: Sie denken gründlich und bedächtig nach, bis sie sich äußern. Liegt die Schwäche vieler Westdeutscher in oberflächlichen Schnellschüssen und zuviel Kritik, leidet die Reflexion der Ostdeutschen unter ihren gründlich gewälzten Analysebegriffen, weil sie diese nicht ausreichend hinterfragen. Die Kapitalismusanalyse muß für alles und jedes herhalten.

Die zweigeteilte Welt – »männlich« und »weiblich«

Wären Männerverhaltensweisen je ohne Frauen denkbar? Ostmänner scheinen Frauen anders zu behandeln. Obwohl dies nicht nur für Paarbeziehungen gilt, wird es hier besonders deutlich. Die Paare aus dem Osten erinnern bis hin zu den Sechzigjährigen an Geschwisterpaare. Die selbstbewußten Frauen beteiligen sich streitbar an Diskussionen und werden von ihren Männern auch nach ihrer Meinung gefragt. Sie sind sich ihrer Gleichberechtigung bewußt. Die Art der Gleichberechtigung ist von sehr vielen Männern akzeptiert, doch findet sie eine Grenze in den jeweiligen Rollenerwartungen. Auch in der DDR gab es wenig hochkaratige Führungsposten für Frauen, wenn auch mehr Berufstätige als im Westen. Ob Kindererziehung und Haushaltsführung wirklich halbe-halbe geteilt waren? Oder gibt es im Osten nur eine andere Variante der Doppelbelastung? Im Westen muten die Paare wie Tanzpaare an, die sich zufällig getroffen haben könnten. Dagegen spürt man bei Paaren aus dem Osten, daß sie zusammengehören. Der Stil der Kleidung ist gleich, die Ähnlichkeit bis hin zur Mimik und Gestik sticht ins Auge.

Zeigen viele Männer aus dem Osten mehr die Bedürfnisse nach (mütterlicher?) Zuwendung, so strahlen die Paare weniger sexuelle Spannung aus. Weder das Spiel »Männchen und Weibchen balzen miteinander« noch lustvolle Machtkämpfe in Tango-Manier prägen das Bild. Daß Verführung eine hohe Kunst sein kann, scheint hier vergessen. Die Männer suchen Frauen zum Pferdestehlen. Im Osten wirken die Frauen wenig »feminin«, wenn man sie mit modebewußten Polinnen oder charmanten Französinnen vergleicht. Hier herrscht der herbe Charme der Bergmann-Pohls und Christa Wolfs.

Über den angeblich so schlechten Geschmack der Männer und Frauen im Osten ist viel geschrieben worden – zuviel. Nicht zuletzt ein Ausdruck des Unverständnisses für andere ästhetische Klassifikationssysteme und das Bemühen, die eigenen Klassifikationsschemata aufzuwerten.

Vielleicht kann man die Besonderheit in puncto »Outfit« und »Image« mit aller Vorsicht so fassen:

Es scheint, daß die ästhetischen Verhaltensweisen der Frauen im Osten sich »maskulinisiert« haben. Sie gleichen Männern in der Art, mit ihrer Außenwirkung umzugehen. Eben weniger Wert auf Mode zu legen, die ihre weiblichen Formen unterstreicht, weniger abhängig davon zu sein, ob der grüne Lidstrich zu ihnen paßt. Im Westen scheint die Entwicklung umgekehrt. Kleidung und Gebaren der Männer sind in den letzten zwanzig Jahren »femininer« geworden. Sie tragen buntere Farben, weichere Stoffe, süßere Parfüms als ehedem und lassen ihre Frauen ans Autosteuer.

In West und Ost bewegen sich die Geschlechterbilder aufeinander zu, nur zum jeweils anderen Pol. Wer ist nun emanzipierter,

die von Männeraugen unabhängige Ostfrau oder der Westmann, der sich auch als begehrenswertes Objekt versteht?
Diese symbolische Veränderung findet allerdings nicht in der Sphäre der Macht statt. Hier regiert der männliche »Anzug«, den auch die Karrierefrauen in Form des strenggeschnitten, brustverbergenden Kostüms – möglichst ohne Kragen und dezent – tragen müssen.

Die zweigeteilte Welt – »männlich« und »nichtmännlich«

Wie steht's mit den Ostmännern, die Männer lieben? Die Position einer Minderheit führt in einer Welt, in der fast alle Klassifizierungen heterosexuell codiert sind, zu einer Vielzahl von Konflikten und Lösungsversuchen.
Zwar wurde der Diskriminierungsparagraph in der DDR in den Achtzigern abgeschafft, besonders tolerant war der SED-Staat jedoch nicht. Es gab in einigen Städten eine Kneipenszene, die war aber überwacht, wie die Bürger nach der Wende aus ihren Stasi-Akten erfahren konnten. Es gab Trupps, die in Schwulenkneipen eindrangen und schlugen.
Beeindruckend in der Wendezeit war die strotzende Lebensfreude älterer schwuler Männer aus dem Osten. Die Freundeskreise zogen fröhlich feiernd durch die Subkultur.
Schwule Männer aus dem Osten wirken unverstellter, geradliniger als jene aus dem Westen, die bewußter mit Images jonglieren. Haben sich die Jüngeren aus dem Osten schnell an die Gesetze des schwulen »Fleischmarktes« angepaßt und die Stylingunsicherheiten der Anfangszeit (die falsche Brille zum falschen Jackett) überwunden, so sind sie jetzt kaum noch zu unterscheiden – solange sie nicht reden und sich bewegen. Denn dann erscheint eine unbekümmerte Burschenhaftigkeit, die den Zöglingen aus dem Westen längst abhanden kam. Die Jungs aus dem Osten werden schnell so etwas wie Mutterns

Liebling, denen noch 'n Stück Kuchen eingepackt wird, während ihre Altersgenossen aus West-Land eher die sind, mit denen die unverheiratete, erfolgreiche Tante aus der Werbebranche unheimlich toll quatschen kann.

Im Osten scheint es noch Cliquenwirtschaften unter Jung-Homos zu geben, in denen jeder mit jedem eine freundschaftliche Beziehung hat. Im Westen bewegt sich jeder in seinem eigenen Kreis von Freunden, die sich untereinander kaum kennen. Wenden sich ein Teil der Ostschwulen angewidert von der rauhen, aber wattierten Kaltschnäuzigkeit westdeutscher homosexueller Singles ab, die egoistisch ihren Lebensgenuß optimieren, startet ein anderer Teil durch in die ferne Welt, wo das Leben noch frisch und aufregend ist. Und es gibt auch die Variante »Überanpassung« an subkulturelle Klassifikationsschemata. Die ehemaligen Ostschwulen werden dann zu leibhaftigen Phantasmen der schwulen Hochglanzmagazine.

Die älteren schwulen Ostmänner bewahrten sich oft Eigenständigkeit und Selbstbewußtsein, das nach dem anderen Menschen hinter der Fassade sucht, mit dem sie mehr anfangen wollen, als nur einen Körper zu konsumieren.

Schwule Männer aus Ost und West mögen unterschiedliches Verhalten zeigen. Die verschiedenen Gesellschaftssysteme haben sich auf ihre Biographien ausgewirkt. Was aber beide zum Bestandteil der schwulen (»Sub«-)Kultur werden läßt, ist eine strukturelle Konstante. Alle schwulen Männer müssen sich mit der Tatsache auseinandersetzen, daß ihre Sexualität minoritär und stark abgewertet ist. Sie taucht in den symbolischen Kämpfen nur als Negativbild dessen auf, was der »Mann« nicht sein sollte.

Die schwulen Männer sind mit einer Welt konfrontiert, deren Symbole heterosexuell organisiert sind. Den schwulen Männern bietet diese Welt wenig, womit ihre Sexualität positiv formuliert werden kann.

Als schwuler Mann ein Selbstwertgefühl aufzubauen ist in Ost wie West gleichermaßen ein grundlegendes Problem.

Zudem ist die Kategorisierung hetero- oder homosexueller Mann so wichtig, daß sie andere Unterscheidungsmerkmale zu überdecken vermag. Der schwule Mann wird zuerst als »Schwuler« wahrgenommen und nicht als »Mann« (oder welche Klassifikation je nach Situation relevant sein könnte, zum Beispiel Akademiker, Kunde, Prolet etc.). An jeden schwulen Mann wird diese Identität massiv von außen herangetragen, ob es von ihm für wichtig erachtet wird oder nicht. Es gibt kein heterosexuelles Coming-out.
Die schwulen Männer vollziehen stärker die Bestätigungsrituale ihres Geschlechtes, weil sie ihre männliche Identität erst erkämpfen müssen.

Kampfesregeln

Kommt der deutsch-deutsche Frust letztlich daher, daß die Spieler zwei inkompatible Spiele spielen – und das kompliziertere sich durchsetzt?
Die Spielregel Ost ist klar und ehrlich: »Ich bin ich. – Wer bist du?« Die Spielregel West ist verschleiert und raffiniert: »Ich zeige dir etwas, das ich als Ich ausgebe. – Was zeigst du mir?«
Das Männerspiel folgt im Osten der aristotelischen Logik: Er ist er, worunter er sich einen konkreten Menschen vorstellt. Er geht mit der Frage »Welcher Mann bist du?« auf den anderen zu.
Die Unschärfen-Logik im Westen steuert den Mann folgendermaßen: Er zeigt etwas, das er als Er ausgibt, und weiß, daß der andere weiß, daß er so tut, als ob er Er wäre. Deshalb fragt er seinen Gegenüber: »Was zeigst du mir, von dem du möchtest, daß ich dir glaube, das seiest du, obwohl du weißt, daß ich weiß, wie das Spiel läuft?«
Diese komplizierten Regeln erzeugen ebenfalls eine Art Offenheit, die sich aber nicht benennen darf, weil sonst das Spiel zusammenbricht – mit der Folge des Gesichtsverlusts.

Im Gejammere der verschiedenen Seiten um die verlorenen wahren Männer, wahren Sozialisten, die wahre DDR, das verträumte West-Berlin, über die angebliche Unvereinbarkeit der verschiedenen Spielregeln liegt ein gerüttelt Maß an Ablehnung von Andersartigkeiten. Hinter dem Rückzug auf Identitäten, die es zu bewahren gelte, versteckt sich die Verweigerung neuer Realitäten. Identität verlangt ein Gleichsein mit der Vorstellung von etwas, ein Identisch-Sein. Das Streben nach Identität birgt die Gefahr, die Vielfalt der Klassifikationsmöglichkeiten zu übersehen.

In der Ost-West-Identitätsdebatte fehlt die Bereitschaft zur Bereicherung durch Lernen neuer Verhaltensweisen. Oder verraten die symbolischen Klassifikationskämpfe, die die realen Kapitalverteilungen widerspiegeln, nur, wie festgezurrt und festgeschrieben die Positionen sind (schon wieder – immer noch?)? Verraten sie, daß neue Verhaltenweisen nur attraktiv für Minderheiten und ungesicherte Positionen sind, also solch ein Interesse nur Teil einer schwulen »Identität« ist?

Beim imaginären Zeitsprung in die Zukunft kann man, was eine ost-deutsche Identität anbelangt, nur skeptisch sein. Die westdeutschen 501-Jeans-Boys, die Dreitagebärte, die Joop-Anzug-Träger sind nur ein bißchen früher dran als die Burschen aus dem Osten. Die deutschen Traditionen des Föderalismus werden es zwar erlauben, eine ost-deutsche Besonderheit aufrechtzuerhalten. Aber wurde vom nördlichen über das südliche Ufer des Mains je etwas anderes gesagt, als daß im Reich der Weißwurscht alles anders sei? Wer noch glaubt ernstlich angesichts der so deutschen Grübelei und Tümelei in Befindlichkeiten und Männerrollen und -röllchen, daß die Halbbrüder nicht doch Enkel derselben Großväter sind – womöglich Faust und Mephisto. Eine Reise in ein beliebiges Ausland genügt.

Katrin Rohnstock

Was hat der Sozialismus aus den Männern gemacht? Die Frauen stehen eingehakt und sagen: »Wir sind gleichberechtigt. Wir lieben unsere Männer, sie unterstützen uns. Geschlechterkonflikt oder gar Geschlechterkampf – was soll das denn sein?« Mangelt es den Frauen nur am nötigen »Diskriminierungsbewußtsein«, oder hat diese Innigkeit auch mit der Qualität der Männer zu tun? Zu vermuten wäre es schon, doch schwer zu beweisen.

Westlern fällt häufig der »Bierbauch« der Ostmänner ins Auge. K. Scheithauer beispielsweise schreibt, daß diese Männer »hemmungslos ihre Bierbäuche zur Schau stellen«. Und die Männergruppe »Dissens« hat das Bild: »Die Frauen im Osten haben Kinder, einen Beruf und Männer, die sind bequem, dicklich und stehen unterm Pantoffel. Der Pantoffelheld, der in seiner Komfort-Dreiraumwohnung sitzt und sich in keiner Weise selbst verwirklicht, gemütlich, behäbig und dumm seinen Alltag lebt ... und mit 'nem Bierbauch patriarchal durch die Gegend läuft ... Eine Type, wie es sie im Westen schon lange nicht mehr gibt.« Diese Wahrnehmung ist um so verwunderlicher, als Ostmänner im statistischen Durchschnitt keineswegs schwerer sind als Westmänner. Im Gegenteil: Der männliche Westler wiegt durchschnittlich zwei Kilogramm mehr als der Ossi. Offenbar aber gibt es eine spezifisch östliche Fettleibigkeit, einen »sozialistischen Phänotyp«, der im Westen nicht ausgeprägt wurde.

Schauen wir uns den Mann mit »Bierbauch« genauer an. Ein Mann zwischen Fünfzig und Sechzig, Vertreter der Generation, die vor und während des zweiten Weltkrieges geboren wurde, also nicht aktiv am Faschismus beteiligt war. Er stammt aus kleinbürgerlichen Verhältnissen und wird in den siebziger und achtziger Jahren zum Kaufhaus-, Betriebs-, Schul- oder Institutsdirektor befördert. Er hat zwei, eher drei Kinder. Seine Ehekrise im vierten Lebensjahrzehnt überwand er, oder sie endete mit Scheidung. Dann überließ er seiner Geschiedenen die Kinder samt Wohnung und Familienbesitz und heiratete eine andere Frau.

Nennen wir ihn Meier, Lehmann, Schulze oder einfach: Reinhardt Schmidt.

Er lebt mit Schuhgröße 39 auf nicht gerade großem Fuß, ist mittelgroß, hat jugendliche, durch das Fußballspiel leicht gekrümmte Beine, einen muskulösen »Arsch in der Hose«. Sein grader Rücken trägt schwer an dem spitz nach vorn gewölbten Bauch, die blond behaarte Brust verbirgt das Oberhemd, dessen Rückenteil durch die leicht herabfallenden Schultern straff gespannt ist. Die Hände sind fleischig und verraten, daß mit ihnen gearbeitet wurde. Sein Gesicht ist rosig und neigt zur Dicklichkeit.

Reinhardt Schmidt wurde 1938 in Schlesien als erstes von vier Geschwistern geboren, die Mutter bewirtschaftete gemeinsam mit der Großmutter väterlicherseits eine Bäckerei. Vater und Großvater lernte Reinhardt vor allem aus Feldpostkarten und Erzählungen der Großmutter kennen. Der Vater fiel an der Ostfront, der Großvater kehrt 1949 als Krüppel aus der Kriegsgefangenschaft zurück. 1945 flüchtete die mannlose Familie von Stadt zu Stadt, bis sie endlich Unterschlupf in zwei Bodenkammern am Rande einer thüringischen Kleinstadt fand. Hier ging Reinhardt vormittags zur Schule und am Nachmittag über die nahegelegene Zonengrenze, um Kartoffeln und Brot zu erbetteln – oder auch zu stehlen. Mehrmals wurde Reinhardt erwischt. Aber er hatte keine Wahl: Er mußte die Familie versorgen – wie ein Mann, an Vaters Statt. Die Angst vor Hunger wird lebensprägend. Die einheimische Bevölkerung war mißtrauisch gegenüber den armseligen Umsiedlern, Kontakte stellten sich kaum her. Nur die FDJ war offen und warb um neue Mitglieder. Am Lagerfeuer und bei Wanderungen wird gesungen, getanzt,

Tee und Brote verteilt. Reinhardt lernt Elektriker im volkseigenen Betrieb, in der Berufsschule hat er Schwierigkeiten in Rechtschreibung und Russisch. Seinem Lernwillen kommt die Ausschreibung für die Arbeiter- und Bauernfakultät entgegen. Er geht auf ein Internat in die Universitätsstadt, lernt die gleichaltrige Ruth kennen und heiratet. Beide studieren in einer Bezirksstadt Ökonomie. Noch während des Studiums Anfang bis Mitte der sechziger Jahre treten sie der Partei bei. Sie bekommen drei Söhne und ziehen nach Abschluß des Studiums in eine Dreieinhalb-Zimmer-Neubauwohnung. Reinhardt wird im volkseigenen Kombinat als Abteilungsleiter eingesetzt, absolviert ein Zusatzstudium und wird zum Ökonomischen Direktor ernannt. Ruth wird Mitarbeiterin im Rat des Bezirkes, arbeitet, solange die Kinder klein sind, Teilzeit und quailifiziert sich durch berufsbegleitende Frauenfördermaßnahmen zur Abteilungsleiterin.

Nach dem Fall der Mauer wird der Rat aufgelöst, der Betrieb in einzelnen Teilen an westliche Unternehmen verkauft. Ruth und Reinhardt sind zunächst arbeitslos. Reinhardt findet nach zweijähriger Suche eine Stellung als Sozialberater in einer Behörde, Ruth schlüpft für jeweils ein Jahr in verschiedenen ABM-Projekten unter.

Als auf einer internationalen Tagung ein westdeutscher Wissenschaftler den Vergleich zwischen Ost- und Westvätern vorstellte, daß nämlich Ostmänner sich beinahe doppelt soviel um ihre Kinder kümmern, daß sich nur 6% der Ostväter, aber 40% der Westväter Hausfrauen als Partnerinnen wünschen, daß 73% der Ostväter, aber nur 46% der Westväter der Meinung sind, die Hausarbeit soll gleich verteilt sein, da rief stolz ein Mann, dessen Mentalität und Körperbau dem Reinhardts aufs Haar ähnelt, mit kräftiger Stimme: »Ich möchte Ihnen für Ihre Ausführungen herzlich danken: Genauso waren wir in der DDR – wir Männer.« Es klang wie auf einer Parteiversammlung: »Wir danken dir, Genosse. Endlich sagt mal einer, wie es wirklich ist.«

Seine frische Freude ließ Kongreßteilnehmer zusammenzukken. Sein Bauch drohte, die Knöpfe des Jacketts zu sprengen. Er trägt den Bauch wie ein Schutzschild.
Er ist der Typ »gesellschaftlicher Verantwortungsträger«; leitende Stellung im volkseigenen Betrieb, mit dem er, wie mit seiner Frau, dreißig Jahre verheiratet war. Wenn er zwei- bis dreimal pro Woche pünktlich nach Hause kam – ansonsten saß er auch bis nachts im Betrieb –, wurden am Abendbrottisch die Probleme der Kinder besprochen, väterliche Moralpredigten gehalten oder beraten, »wie Mängel abzustellen seien«. Er hat seine Frau bei der Familienarbeit, so gut es ging, unterstützt, hat in der Wohnung gehandwerkelt und renoviert, ist einkaufen gegangen, hat den Mülleimer runtergetragen und sonntags gekocht. Die Pflege des Autos (erst Trabbi, später Lada) oblag ihm sowieso. Mitte der siebziger Jahre bot der Betrieb verdienstvollen Mitarbeitern ein Grundstück zur Pacht. Nun baute die Familie jedes Wochenende an der Datsche, die nach drei Jahren harter körperlicher Arbeit fertiggestellt war. Dann ging es jeden Freitag abend hinaus aufs Land und am Sonntagabend zurück in die Stadt. Inzwischen sind alle drei Kinder aus dem Haus, vor vier Jahren verabschiedete sich auch der Jüngste.
Wie aber war der Bauch entstanden? Reinhardt hat in seinem Leben viel gearbeitet. Es konnte nie genug Arbeit sein: drei Kinder, leitende Stellung, Zusatzstudium, Funktionen, die Datsche. Bloß nicht zur Ruhe kommen. Er war oft nervös und übermüdet. In der Pubertät, als er nach männlichen Vorbildern suchte, blieb er allein. Die Väter dieser Generation waren tot, abwesend, verkrüppelt oder moralisch unannehmbar. In der Familie hatte er die Mannesrolle zu übernehmen, seine Mutter erzählt noch heute, wie erwachsen der Junge als Zehnjähriger war, wie verantwortungsbewußt und fürsorglich. »Mit ihm konnte man sich unterhalten wie mit einem Mann.« In Ermangelung von wirklichen Männern mußte der Junge psychischen und organisatorischen Ersatz leisten und war mit diesen Aufgaben völlig überfordert, da gab es keinen Spielraum für Selbstsuche, vor

allem aber: Es gab keine Auseinandersetzung mit dem Vater, keine Reibung, durch die sich eigene Anschauungen und Haltungen finden lassen. Die Fähigkeit zur Verweigerung, zum Ja- und Nein-Sagen ließ sich nicht herausbilden.
Mutter und Großmutter hatten Reinhardt das Backen und Kochen gelehrt, aber wie sich ein Mann als Mann verhält, das konnten sie ihm nicht zeigen. So entstand ein Loch im Bauch, das Reinhardt – anknüpfend an seine evangelische Erziehung – mit der göttlichen Idee vom Sozialismus und genußvollem Essen füllte. Reinhardt aß gern und viel, liebt noch immer am Sonntag das Eisbein auf dem Tisch und das Bierchen am Abend. Bedenklich aber wurde es mit dem Bauch, als Reinhardt zum Direktor berufen wurde.
Er war unsicher, aber er wurde gebraucht. Er übernahm Verantwortung für die große sozialistische Familie, in der alles unter einen Hut gebracht werden mußte: Leistungen und menschenwürdige Arbeitsbedingungen und die Interessen der Werktätigen im Kombinat, im ganzen Lande. War im Betrieb eine schwierige Entscheidung zu fällen, besänftigte Reinhardt seine Angst mit Schokolade. So fraß er sich das Ansehen von Macht und Stattlichkeit an, das er in seiner Stellung brauchte.
Reinhardt Schmidt trägt den Bauch wie eine ewige Schwangerschaft, er umhüllt schützend die Magengrube wie ein dicker Teddymantel die fröstelnde Kinderseele. Reinhardt hat den graden Rücken des aufrechten Ganges. Er ist nicht der ewige Ja-Sager, er hat Prinzipien. Aber die Schultern, warum hängen die so resigniert?
Reinhardt verstand sein Leben im Dienste einer Sache. Die Sache hieß: »Alles für den Menschen, alles mit dem Menschen.« Er hatte einen kindlichen Glauben an das Gute. Er glaubte an Errettung. Er wollte die ganze Welt retten. Reinhardt hatte übersteigerte Erwartungen an das, was ein Mensch und eine Gesellschaft zu leisten vermag. Diese utopischen Ansprüche konnten beim Vergleich mit der Realität nur in Enttäuschung enden. Außerdem mußte sich Reinhardt von der jüngeren Generation

und vom Westen den Vergleich von sozialistischer Lebensweise und bürgerlichen Freiheiten gefallen lassen. Da verhinderte eine mit Stolz geschwellte Brust, die die Schultern nach oben zieht. Daher die Minderwertigkeitsgefühle, die er mit übertriebenen Lobreden bis zum Brechreiz der Zuhörer zutünchte.

Der Plan, eine kommunistische Gesellschaft aufzubauen, hatte Reinhardt einem Verantwortungsdruck ausgesetzt, dem er nicht gewachsen war. Es war ein Menschenbild konstruiert worden, das jedem Verfechter ein makelloses Verhalten abverlangte, das jeder Art von nicht normgerechter Enthemmung mit bestürzter Besorgnis und Disziplinierung begegnete. Reinhardt rettete sich aus den sozialistischen Absurditäten mit Humor und Witz, der die Forderungen ironisch verkehrte.

Dennoch ging Reinhardt mit Tatkraft und Freude an die Arbeit, er war es von Kindesbeinen gewohnt, Verantwortung zu übernehmen. Die staatlichen Direktiven zur Frauenförderung waren ihm wie aus dem Herzen gesprochen, hatte ihn seine Mutter doch zu Achtung vor Frauen erzogen. Seine Schultern sind breit genug, um »seinen Frauen« – Arbeitskolleginnen, Genossinnen und der Ehefrau – Geborgenheit zu geben. Mit seinem breiten Kreuz schützte er die Frauen manches Mal vor widrigen Umständen. Er »setzte die Mittel frei« für die erste kombinierte Kindereinrichtung im Betrieb (nicht nur, weil seine Kinder dringend Krippenplätze brauchten), er sorgte für Frauenruheräume (seine Frau litt allmonatlich an Migräne), er holte einen Schneider und einen Friseur ins Werk, damit die Frauen während der Arbeitszeit für ihre Schönheit sorgen konnten. Tatkräftiges Zupacken: Das erfreute ihn. Er hörte zu, er gab Ratschläge. Natürlich, er wahrte die Grenzen seiner Möglichkeiten und wies Menschen ab, verlangten sie Unrealistisches. Er hat die Muskelkraft der Aufbaujahre, mit der er die kleinste vorstellbare Lebensvariante, seine Datsche, errichtete.

Heute findet man Reinhardt Schmidt in Nischen-Projekten, gemeinnützigen Vereinen, manchmal auch in Verwaltungen, wo er für andere Ausgestoßene Gelder bewilligt.

Reinhardt setzt seine Worte konzentriert und nachdenklich, sein Urteil ist differenziert, er fragt, er antwortet, er fühlt sich verantwortlich für das Gesagte, er hatte erfahren, daß Worte Gewicht haben. Aus der Öffentlichkeit ist Reinhardt verdrängt. Seine mentale Ausformung wird nicht mehr gebraucht. Die Erfahrungs- und Einstellungsmuster dieses Mannes sind untauglich für die neue Gesellschaft. Schmidt reagiert mit melancholischer Enttäuschung, er zieht sich zurück.

Vor allem aber: Das, woran Reinhardt Schmidts Ideale hingen, das »kollektive Eigentum«, ist inzwischen verkauft. Am Erlös wurde er nicht beteiligt. Die Schmidts haben eines der größten Vermögen der Welt, das »Volkseigentum« der DDR, dessen Verwalter sie waren, widerstandslos aus der Hand gegeben. Sie haben kapituliert, noch bevor eine wirkliche Schlacht begann. Sie haben versäumt, sich mannhaft zur Wehr zu setzen; sie haben versäumt, ihren Mann zu stehen. Gab es eine Chance im Kampf gegen »kalte Krieger«? War seine psychische Wehrlosigkeit durch die Mauer geschützt, und als sie fiel, übermannte ihn die westliche Besitzergreifung? Hatte Reinhardt die Verteidigung gelernt, die zum Einmaleins jedes Besitzers gehört?

Reinhardt Schmidt ist durch das Glück seiner Geburtsstunde um den Krieg gekommen und auch von der NVA verschont geblieben. Die Kindheitserfahrung des Krieges begründet seine Abneigung gegen alles Militärische: Armee, Polizei, Parteifunktionäre, die waren ihm zuwider in ihrer Primitivität und Dumpfheit, auch zu den Einsätzen der Kampfgruppe ging er während seines ganzen Berufslebens, aber aus politischer Einsicht in die Notwendigkeit, aber widerwillig.

Hunger, Irritation und Vaterlosigkeit bestimmten bei Reinhardt die Lebensphase, in der Jungen anderer Zeiten und Kulturen ihre Initiation zum Mann erfahren.

Initiationen haben in ihrer Gewaltsamkeit wichtige sozialisierende Wirkungen: Sie machen Männer wehrfähig gegen Feinde. Eine Gemeinschaft, die sich nicht verteidigen kann, ist nicht überlebensfähig. Die in dieser Jugendphase oftmals brutale und nicht nur symbolische Züchtigung, mit der Knaben zu Männern »geschlagen« werden, hatte es für Reinhardt nicht gegeben.

Aber hatte er nicht auch in Ermangelung anderer Erfahrungen geglaubt, wenn er sich nur fair, unterwürfig und kollegial benähme, so ließe sich friedlich mit Westmännern kooperieren? »Der neue West-Chef hatte mich gebeten, für ihn bei unseren Mitarbeitern zu werben – mit der Begründung, er wolle mit mir zusammenarbeiten. Als er gewählt war, feuerte er mich stehenden Fußes. Das hat mich sehr getroffen, zumal ich guten Willens war, mit dem neuen Mann zusammenzuarbeiten. Ich hatte gar nicht vor, eine eigene Linie zu verfolgen.« Keiner der Schmidts konnte sich auch nur entfernt eine Vorstellung von der durch materielle Besitzgier getriebenen Schonungslosigkeit menschlichen Umgangs machen.

Hat sich Reinhardt überhaupt als Miteigentümer des Volkseigentums gefühlt? Wenn Reinhardt von »seinem« Werk spricht, so sagt er: »Unser Kombinat.« Genau wie: »Unser Land, unsere Häuser, unsere Städte.« Er fühlt sich als WIR, er verstand sich nicht als Einzelkämpfer und war einem Kampf Mann gegen Mann nicht gewachsen. Er hatte das Kämpfen im Namen einer kollektiven Sache gelernt, aber nicht den Konkurrenzkampf für die Verteilung und Vermehrung – weder des Privateigentums an Produktionsmitteln noch des Privatbesitzes. Denn die materiellen Güter wurden im Sozialismus weitgehend staatlich und nach sozialen Kriterien verteilt. Deshalb bildete Reinhardt keine Fähigkeiten zum Bestehen in Konkurrenzverhältnissen aus. Für einen Kampf Auge um Auge, Zahn um Zahn gab es weder Zwänge noch Reize. So konnte Reinhardt weder seine Muster erfahren, noch seine Spielregeln trainieren. Resultiert nicht geradezu notwendig aus diesen Strukturen die von Westseite beobachtete »Feminisierung« der Ostmänner – oder jedenfalls eine ganz andere Art von »Männlichkeit«?

Aber seine Position, seine Macht hätte Reinhardt doch »männlich« verteidigen können. War er nicht mächtig? Hat er sich nicht mächtig gefühlt? Hatte er ein Selbstverständnis von einer Macht? Reinhardt gibt noch heute nicht zu, daß er als Ökonomischer Direktor mächtig war. Weil es immer noch Mächtigere gab, die seine Macht relativierten, die hineinregieren konnten in seinen Entscheidungsbereich. Wie sollte es auch anders sein in einem System, in dem Wirtschaft »für alle Menschen« dasein sollte und nicht auf Effizienz und Gewinn hin organisiert wurde?

Deshalb aber war Machthaben in der DDR wenig attraktiv, es bedeutete viel Verantwortung, die kaum mit materiellen Vorzügen vergütet wurde. Reinhardt sagt, er habe nach bestem Wissen und Gewissen entschieden, ging er zu weit, gab es Auseinandersetzungen, manchmal wurde er »zurückgepfiffen«.

Drei Parteiverfahren machten ihn vorsichtig und bestärkten seine Angst: Eine Demokratisierung der DDR ist nicht möglich, weil der Westen mit seinen in der marktwirtschaftlichen Konkurrenz ausgebildeten Methoden jede Öffnung zur Einflußnahme nutzen würde. Die nackte Angst der Schwäche fand ihre Begründung in der stehenden Redewendung: »Wir sind noch nicht so weit«, die die Jugend auf die Palme trieb. Er hat die Unruhe gespürt: »Es ist was faul im Staate DDR.«

Aber hätte sich Reinhardt nicht souveräner verhalten können? Mußte er Stärke vorgeben, wo längst Schwäche war? Wenn man dauernd mit den Einwirkungen des Westens rechnen mußte, war da nicht kaum noch zu unterscheiden, welche (widersprüchlichen) Entwicklungen »sozialismuseigen« und welche Reaktionen auf die Außenwelt waren? Besteht nicht immer die Gefahr, daß man Fehlentscheidungen trifft?

Wo aber lenkte Reinhardt seine Aggressionen hin, wo konnten sich seine physischen Energien ausleben? Durch welche kulturellen Muster waren Kampf und Kraftanwendung legitimiert? Reinhardt spielte einmal wöchentlich Fußball und mimte in der Kampfgruppe nach traditionellen Mustern »Männlichkeit«. Zu wenig offenbar, denn ansonsten blieb Reinhardt meist friedlich und freundlich, auch wenn ihm fast der Kragen platzte. Die

Schwäche der eigenen Durchsetzungskraft hinderte die Schmidts daran, die wirklichen Machthaber, die allesamt ihre Väter hätten sein können, zu entmachten und die DDR-Gesellschaft nach ihrem Gutdünken zu gestalten. Sie haben sich von dieser Vätergeneration nie emanzipiert. Der »Vatermord«, und sei es nur ein symbolischer, blieb aus.

Konflikte verdrängte oder harmonisierte Reinhardt. Er wußte, wenn er seine Aggressionsenergien nicht zügelte oder umlenkte, wenn er wie ein »Stier« gegen die Wand rannte, flog er raus. Dann wäre ihm nur die Außenseiterrolle, ein Neubeginn von ganz unten geblieben – oder die Opposition und der Westen. Einige seiner Generation haben sich nicht disziplinieren lassen und wurden dafür zum Dissidenten abgestempelt. Die sind 1976 rausgeflogen und nun im Westen etabliert, zufrieden und rundum verfettet.

Die Geborgenheit und Sicherheit des Staates, das Fehlen von Wettkampf und Konkurrenz machte die Schmidts väterlich verständnisvoll. Sie überließen den Frauen den Familienetat, wurden anhänglich und abhängig. Das mag ein Grund sein, weshalb in der DDR die Frauen 70% aller Scheidungen beantragten. Meist behielten die Frauen nach der Scheidung nicht nur die Kinder, sondern auch – ganz matriarchal – den bescheidenen Familienbesitz.

Am Ausgang der achtziger Jahre hatten sich die Geschlechter in der DDR in ihren Werten und ihrem Verhalten derart angenähert, daß man von Egalität sprechen kann. Sehen wir von den bekannten Unterschieden ab, sind sich Reinhardt und Ruth in ihrem Habitus so ähnlich, daß man sie für Geschwister halten könnte. Wenn das Geschlechterverhältnis nahezu paritätisch ist, weil die Herrschaft über die Frauen entfällt, weil es keinen Besitz gibt, der an den biologischen Nachkommen zu vererben wäre, so entfallen auch alle daraus resultierenden kulturellen Muster der Eroberung – wie die symbolische »Aufforderung zum Tanze«, die die Schmidts so gern ihren Frauen überließen. Weil Ruth Schmidt die Vorzüge ihres

Mannes genau kennt, läßt sie auf ihn nichts Schlechtes kommen.
Aber die Auflösung traditioneller »Männlichkeit« hatte die gravierende innenpolitische Folge, daß sich Reinhardt nicht von der väterlichen Macht der in der Weimarer Republik sozialisierten Opas trennte. Die Machtsphäre blieb von einer traditionell-männlichen Kultur geprägt – mit rigiden Disziplinierungsmechanismen –, die Frauen ausschloß und für sie zugleich unattraktiv war. Sie hatten weder Lust noch Zeit, sich diesen Zwängen, dieser Besitzergreifung zu fügen. (Deshalb etwa waren von den zehntausend höheren Mitarbeitern der Staatssicherheit nur 2% Frauen.) Es hätte einer prinzipiellen Veränderung dieser Machtsphäre bedurft. Zum Beispiel durch die Schmidts, die auch in dieser Frage an der Reihe waren, ihre Väter vom Throne zu heben.
In einer Gesellschaft, in der es kein Privateigentum gibt und damit keinen Zwang zu Erwerbskonkurrenz und Besitzstandswahrung, bliebe als spezifisch »männlicher« Auftrag ausschließlich der Schutz der Gemeinschaft. Aber wahrscheinlich würden Frauen über kurz oder lang selbst »männliche« Wehrhaftigkeit ausprägen, wie wir sie von mythologisch-archaischen Figuren wie Lilith, den Sirenen und Walküren kennen.

Fritz-Jochen Kopka

DIE BALLADE VON DEN TRAURIGEN JEANS

Sie erkennen mich an meinem roten Momper-Schal, sagte der Westmann am Telefon. Er hatte ein Projekt, für das er auch noch einige Leute aus dem Osten suchte, die schreiben konnten. Die müßte es doch geben.
Frankfurt nickte. Gut, daß der Gesprächspartner das nicht sah. Westmänner brauchen immer Projekte, aber das wußte Frankfurt damals noch nicht. Die Grenze hatte ihre Bedeutung bereits verloren, aber man mußte, im Vorfeld der Begehrlichkeit, noch Schlange stehen und seinen Ausweis vorzeigen.
Im Café Rosalinde, einem langen Schlauch, saßen vielleicht dreißig Gestalten, fünfundzwanzig davon trugen rote Momper-Schals. Frankfurt versuchte, sie nach und nach auffällig zu mustern. Keiner zeigte eine Regung. Es war noch vor der Währungsunion. Das billigste Gericht kostete acht Mark und hieß Mozzarella. Was mochte das sein? Frankfurt bestellt, zum ersten Mal in seinem östlich geprägten Leben, eine Gemüseplatte. 13,50 DM. Er aß ohne Appetit. Musterte jeden Neuankömmling. In einer Zelle suchte er die Telefonnummer des Westmanns und erstattete dessen Anrufbeantworter (von so etwas hatte Frankfurt immerhin schon gehört) den Bericht seiner Irritation. Das war erstmal alles. Der Westmann meldete sich nicht. Der Westmann entschuldigte sich nicht. Frankfurt wußte nicht, wie der Mann aussah, der am Telefon so einnehmend geklungen hatte und der stolz einen roten Momper-Schal trug.
Vielleicht hatte der Westmann einfach gehört, daß alle Ostmenschen Stasi sind und Stasi ansteckend sei. Frankfurt, der sich einen praktischen Fatalismus zu eigen gemacht hatte, sollte es egal sein. So, wie es kommt, ist es gut. Schon bei dessen Anruf hatte er gemerkt, daß der Westmann hohe Ambitionen hatte und Gespräche mit ihm anstrengend werden konnten.

Aber man trifft sich immer zweimal, mindestens. Sie saßen im 36. Stock des Hotels am Alexanderplatz. Der teuerste Schuppen im Osten. Der Westmann ignorierte die Speisekarte. Er aß das, wonach ihm zumute war, Spargel, ein paar Scheiben Schinken dazu. Frankfurt verzehrte ein Ochsensteak. Medium. Sie blickten auf die sonnige Stadt hinunter. Osten. Geschichte. Schicksal. Verhängnis. Offenheit. Futur. Besser Fjutscher. Die Stimme des Westmannes war leise, aber deutlich vernehmbar. Die Rede des Westmannes war langsam, aber voller Leidenschaft. Warum hat die Wende keinen großen Schreiber hervorgebracht, wo doch alle große gesellschaftlichen Ereignisse große Schreibkünstler hervorbringen! Vielleicht war sie kein großes gesellschaftliches Ereignis, sagte Frankfurt prinzipienlos. Vielleicht holte sie nur Realität nach. Nur das Erwachen aus einem Traum, der gut anfing und sich dann durch die Nacht quälte. Das war ein Dissens. Aber ansonsten kannten der Ostmann und der Westmann die gleichen Namen und setzten auf die gleichen Köpfe die gleichen Beträge. Der Westmann hatte wieder ein Projekt und warb auf eine nebulöse Art um Frankfurts Beteiligung.

Das nächste Mal trafen sie sich in einer Agentur, aber zufällig. Frankfurt ging, der Westmann kam. Frankfurt freute sich über das Wiedersehen, aber der Westmann nahm ihn kaum zur Kenntnis. Die langen welligen, wehenden Haare und das rote Gesicht, das energische breitbeinige Ausschreiten gaben dem Intellektuellen etwas Clowneskes. Frankfurt wunderte sich. Hatte der Westmann ihn nicht erkannt? Wie auch immer. Es gab eine Unvereinbarkeit der Empfindungen. Doch der Westmann meldete sich wieder. Sie trafen sich auf der Westseite. Im letzten Café hinter oder vor der ehemaligen Grenze, je nachdem, von welcher Seite man kam. Zwei Sätze des Fremden gruben sich in Frankfurts Gehirn. Sie redeten über Revolutionen und über Reformen, über Beckett und über Kant, über Ökologie und über Genetik. Dann verstummte der Westmann. Er sah aus dem Fenster. Und wieder war die Stadt, diesmal die Westseite, sonnenüberflutet. Die Frauen werden immer größer, sagte der Westmann zusammenhanglos. Schien dabei untröstlich. Vielleicht sieht es nur so aus, sagte Frankfurt. Aber der Westmann hatte seinen Satz schon wieder vergessen, er war aus seinem Bewußtsein herausgefallen auf die Marmorplatte des Tisches im letzten Cafe auf der Westseite, unerkennbar für seinen Urheber, und am Ende, auf ein entsprechendes Angebot Frankfurts hin, rief der Westmann kämpferisch, fröhlich, bitter und triumphierend: Nein, nein. Das bezahlt alles mein Freund Krögert-Walsungen. Der Kapitalist also. Der Mann, der Millionen, ach, Milliarden verwaltete. Gegen den der Westmann einst als Achtundsechziger angetreten war und welchem er nun als Altachtundsechziger, als kluger und gebildeter Kopf, diente, nicht ohne im Gedenken an eine alte Feindschaft mit den Millionen des Milliardärs um sich zu werfen, Verachtung für Geld, das er plötzlich lieben gelernt hatte. Auge um Auge, Zahn um Zahn. Das bezahlt alles mein Freund Krögert-Walsungen. Letztlich, begriff Frankfurt, können die Altachtundsechziger bei allen Niederlagen nur siegen. Die anderen verdienen das Geld, die Altachtundsechziger geben es aus. Solche praktischen Feindschaften waren ihm aus der DDR nicht erhalten geblieben.

Noch einige (wenige) eindrückliche Sätze gab es nach dem deutschen Herbst des Jahres 91, als der Westmann und Frankfurt unter einem Dach tätig waren. Eines Abends beneidete der Westmann Frankfurt, der Bücher lesen mußte. Das, sagte der Westmann, würde er auch gerne tun, aber er müsse statt dessen mit hochgestellten Persönlichkeiten essen gehen und werde dabei immer dicker. In der Folgezeit musterte Frankfurt den Westmann verstohlen. Es war vor allem der Bauch, der sich erhob und ausbreitete über den Blue Jeans, der Levi Strauss, die als einziges das Jahr 68 überlebt hatte. Wenn man das Schicksal hat, dick zu werden, dachte Frankfurt, wenn man diesem Schicksal nicht entrinnen kann, es sei denn, man steigt aus, aber Aussteigen war unter den Altachtundsechzigern zu diesem Zeitpunkt nicht modern, im Gegenteil, sie stiegen ein und holten die Kameraden ihrer Seilschaften nach, wenn man das Schicksal hat, dick zu werden, dann muß man sich dem ergeben, weil man seine Kraft für andere Kämpfe braucht. Der Bauch markierte das Ende einer Passion und das Fortschreiten einer Strategie, die Levis waren das letzte und eher ironisch gesetzte Symbol einer Niederlage, die sich jederzeit als Sieg verkaufen ließ. Sie hingen irgendwie knülle am Hintern der Altachtundsechziger. Unhörbar sangen sie die Ballade von den traurigen Jeans, die sich am falschen Fleck befinden, der einmal der richtige Fleck war. Von diesem Augenblick an wußte Frankfurt, daß der Westmann sein Projekt nicht glücklich zu Ende bringen würde.

Traurig, daß man solch einen Brief schreiben muß, schrieb der Westmann. Aus gegebenem Anlaß hatte er gefordert, daß man seine Zimmer und Schreibtische abschließen solle, es wurde nämlich gestohlen, Geld, Kaffee, Bücher. Traurig, daß man solch einen Brief schreiben muß. Ich bin autonom, sagte der Westmann. Frankfurt hatte ihn gefragt, wer die vielen Spargel geschält hatte. Ein riesiger Topf für zehn Gäste. Auf dem Balkon des Westmanns wuchsen Kresse und andere Kräuter. Der Westmann war autonom. Und er war ein Frauenfreund. Aber unabhängig. Nicht erpreßbar. Manchmal stand er zwei Stunden auf dem Gang mit einer Praktikantin. Und übersah alle anderen, viel bedeutenderen Menschen. Sieger der Einheit, sagte der Westmann, sind die Ostfrauen und die Westmänner. Es war in Frankfurts Büro. Der Westmann fixierte die lachende Frau aus dem Osten. Frankfurt saß als unterlegener Dritter dazwischen. Der Sieger geht leer aus, hoffte er.

Die Zeiten wurden trauriger. Der Westmann trug plötzlich einen Hut. Nobel geht die Welt zugrunde. Nein, er konnte sein Projekt nicht zum Erfolg führen. Er wurde befreit von seinem Projekt. Die Freiheit konnte er nicht genießen. Wie die Ostmänner das Geschenk der bürgerlichen Freiheiten nur halbherzig annehmen konnten. Wer waren die Sieger der Einheit? Man verlor sich aus den Augen, als hätte man sich nie gesehen.

Ich habe mit den Westmännern – und dasselbe trifft auch für die paar Westfrauen, die ich kenne, zu – keine nennenswerten Probleme. Wir haben nicht allzuviel miteinander zu tun. Wenn ich davon absehe, daß ich natürlich indirekt ständig mit ihnen zu tun habe, denn sie haben ja den Westen mitgebracht.

Aber genau genommen brauch ich mich nicht groß umzustellen. Sie haben die Plätze eingenommen, die vorher die Führenden der führenden Klasse innehielten. Von denen ich mich fernhielt, soweit es sich machen ließ. Ehe ich begriff, daß dort Lücken entstanden, hatten die Westler sie schon geschlossen. Schnitzlers Sessel war noch sitzwarm, da hatte schon Mühlfenzl Platz genommen. Sie deswegen Lückenbüßer zu nennen, wäre freilich nicht die glücklichste Bezeichnung. Es lief ab, wie in Ferien- und Kurheimen die Belegungen wechseln: Betten neu beziehen, Abfalleimer leeren, Kloschüssel desinfizieren, kräftig lüften und fertig. Nur daß es sich diesmal um die klotzigen Machtwaben handelte. Haus der Ministerien, ZK-Gebäude, die Bezirks- und Kreisleitungen, die BdVPs, die Stuben hinter den gepolsterten Türen. Gut, es ging etwas übers Lüften hinaus mit Mobilarauswechslung und Renovieren und Schilderwechsel – das Haus der Ministerien mutierte zur Treuhand, die eine BL zur Staatskanzlei, die andere zum Vermögensamt. Auf jeden Fall hasten nach wie vor geltungsschwangere, von diesem systemresistenten, männlichen Gebärsurrogat getriebene Amtsträger die vier, fünf Außenstufen hinauf, den Blick halb schräg nach oben justiert, den Belangen höchster Wichtigkeit entgegen. Ich bin nicht wichtig, höchstens im Weg. Für mich hat sich insofern nicht viel geändert.

Freilich geben sich die Westler anders. Ihnen steht nicht trotzig und verbissen das Klassenbewußtsein im Gesicht. Sie sind sportiv, dynamisch, locker. Klassenkampf ist ihnen ein Fremdwort und höchst suspekt. Zu Recht, denn den haben wir ja für sie erledigt. Sie tragen ihr Bewußtsein auch nicht als Anstecker am Revers. Sie tragen gutes Tuch. Und soweit es das Jackett betrifft, geöffnet. Auch bei Minusgraden. Die Brust weiß, weißer geht's nicht. Sie sind nicht zu verkennen, eigentlich weniger als die alten Kader. Das erleichtert den Umgang. Wo sie im Zweierpack auftreten, weicht das ortsansässige Fußvolk aus. Ich gehöre nun mal zu den Ortsansässigen.

Die Westler sind jünger als die alten Staatsmaschinisten. Das sollte man nicht übersehen. Sie könnten deren Söhne sein. Sind sie vielleicht auch. Ganz verschwunden kann der Dreieinhalbmillionenschwund der DDR-Bevölkerung ja nicht sein.

Außerdem agieren sie wie jene auf dem erhöhten Sockel schicksalhafter Bevorzugung, ohne Selbstzweifel. Wie jenen ist ihnen Immunschwäche fremd. Ein Nichtmangel, der den Genossen freilich zum Verhängnis wurde. Doch bis es soweit war, adelte sie die Klasse; die Westler, das sagt schon der Name, sind geographisch privilegiert. Mich hat das Schicksal beide Male unterversorgt. Allerdings geh ich dabei nicht ganz leer aus: die Erfahrungen gelten weiter. Die Genossen beriefen sich auf ihr historisch gesetzmäßig verbrieftes Recht, und zwar mit Nachdruck. Das Recht der Westler ist real verbrieft. Sie können sich den Nachdruck sparen. Wo jene machtbewußt drohten, lächeln sie, machtbewußt. Wo jene Devotheitsbekenntnisse forderten, verlangen sie Loyalitätserklärungen. Wo jene sich mit Kampfgruppen-Hundertschaften umgaben, haben sie einen Kordon aus Anwaltskanzleien um sich gelegt. – Manches scheint verschiedener, als es wirklich ist. Womöglich – das muß ich einräumen – ist mein Wahrnehmungssensorium nicht ausreichend verfeinert. Aber so komme ich immerhin ganz gut zurecht.

Selbstverständlich ist Herkunft nicht alles. Nicht, daß mir die im Westen keine Chance einräumten. Wo ein Wille ist, ist auch ein Weg. Aber auch die Genossen redeten mir gut zu. Doch wo den Willen hernehmen, wenn der Glaube fehlt. Das war schon

vorher mein Problem. Und nun fehlt mir auch noch die Zeit. Man lebt im Verlauf der Jahre halt sein Quantum ab. Aber darüber lasse ich mich am besten auf keinen Disput ein. Mancher sieht das eben anders. Ich verstehe die Westler. Auch, daß sie mich nicht verstehen. Die lange Zeit der Genossen war eine gute Schule der Nachsicht. Das kommt mir jetzt zugute.
Freilich hat das seine Konsequenzen. Es wird dabei bleiben, wie es sich angelassen hat. Meine Wege sind die zum Arbeitsamt, zu Aldi, zur AOK und die von Holliday-Reisen. Meine Westbrüder zieht es in die Westkanzleien, die Chefetagen, die Business Center: zur Galerie La Fayette, zum Spreebogen, zum Pariser Platz. Dort lassen sie *erstens* ihre Architekturträume wahr werden: Kanzlerbungalow, Hotel Adlon, Dresdner Bank. So wie's die Früheren mit Stalinallee, Fernsehturm und Palast der Republik taten, ohne daß ich groß gefragt war. Und *zweitens* richten sie sich dort ein. Womöglich noch weniger mit dem Gedanken an mich als jene. So gehen wir uns aus dem Weg. Obwohl, was Dresden betrifft, ich ja meine herkunftsbedingten Beziehungen habe. Aber die zählen leider nur, wenn sie negativ zu Buche schlagen. Und erst recht geht es mich nichts an, wenn die Schlösser in Grambow, Tützpatz oder Basedow an den Mann gebracht werden sollen. Da versagt sich die Schweriner Volkszeitung von vornherein die Offerte und überläßt sie der FAZ und dem Wall Street Journal. Nicht, daß mich das empören würde, ich hatte auch über Wandlitz und Hubertusstock kein Wörtchen mitzureden. Wie gesagt, ich habe mit den Westlern keine nennenswerten Probleme.
Am nächsten sind mir noch der Bundeskanzler, Jo Brauner und Beckenbauer. Eine Nähe, die der einstigen etwa zum Generalsekretär, zu Klaus Feldmann und Täve Schur entspricht. Das ist der etwa gleichen Inzidenz an medialen Begegnungen geschuldet. Womit ich nichts gleichsetze. Wenn ich dennoch ein bißchen Sym- oder Antipathien anklingen lassen soll: Jo Brauner bin ich bereit, als einen so gut wie von uns anzusehen; er spricht »Magdeburg« wie es gehört »Mackdeburg« und nicht

»Maaagdeburg« aus. Die zweierlei Aussprache verweist darauf, ob man den Wert des Namens kennt oder ihn lediglich als Verpackung verwendet. Denn Magdeburg darf nur »Mackdeburg«, ja eigentlich noch etwas mehr verschliffen gesprochen werden; davon abzugehen, hieße, allen zwischen Wanzleben und Schönebeck Ansässigen nicht nur den Sinn eines Harzausflugs zu nehmen, sondern sie um das Wissen zu bringen, welche Stunde ihnen geschlagen hat:

Wie spät issess in Machdeburch?

– Achte durch.

Und zwar immer noch!

Aber ein wirkliches Problem im Umgang mit den Westlern gibt diese linguistische Verschiedenheit nicht her.

Neuerdings habe ich zu Scharping beinah so etwas wie ein Intimverhältnis. Vermittels seiner Frau Jutta. Seit sie sich mir gegenüber verplauderte, daß er in der Familie Rudolfo genannt wird. Sobald er sich quicky aus seiner BN-Limosine schwingt und, mich suchend, in die Runde blickt, bin ich verleitet, ihm aus meinem IKEA-Sessel ein »Hier, Rudolfo!« zuzurufen. Dank der Absicherung durch die Mattscheibe, derer er sich mir gegenüber nie enthält, hat es, sollte es mir tatsächlich schon einmal entschlüpft sein, keinen Schaden angerichtet. Weder ihm noch mir.

Freilich lassen sich auch direkte Begegnungen zwischen Westlern und mir nicht ganz ausschließen.

Eines trüben und höchst unwirtlichen Februarabends rüttelte ein Antiquitätenhändler, den es vor der Wende als solchen noch nicht gegeben hatte, an der nicht sehr stabilen, aber doch bis dahin ihre Dienste erfüllenden Tür meines zwar stimmungsvollen, aber von den Spuren des Verschleiß gezeichneten Fachwerkhauses. Er – ein Ostler, der die Zeichen der Zeit erkannt hatte, überdeutlich, möchte ich präzisieren – und in seinem Gefolge zwei Herren, deren andere geographische Herkunft nicht zu übersehen war. Der eine, gut im Fleisch und gut in den Jahren und in leichtem, hellem Sommergarn (womit er unmißverständlich demonstrierte, wer hier wem Grenzen zeigte), erwies sich als der Hauptinvestor des der bisherigen Bezirksstadt nun beizulagernden Gewerbegroßparks. Der andere, in einem Trenchcoat der jahreszeitlich bedingten Witterung fraglos Rechnung tragend und mit einer breitkrempigen, im Zenit mit Griffmulden gezierten, aus der bayrischen Folklore hergeleiten Kopfbedeckung, wie sie mir von Theo Waigel in gewisser Weise durchaus schon vertraut war, stellte sich als der erste Mann der treuhänderischen Landesdependance vor. Sie hatten die umständliche Anreise bereits zur prinzipiellen Aufteilung meiner Güter genutzt. Drei Blicke genügten, und sie waren sich einig, wem der alte, rustikale Brotschrank, wem die zwei Buckeltruhen und wem die Immobilie zukommen sollte. Mir war ein meinen bescheidenen Ansprüchen angepaßter Gegenwert in konventierbarer Währung zugedacht. Ich, verblüfft und irritiert und ohne die geringste Absicht, weder das eine noch das andere herzugeben, hatte mich als Folge meiner Nichtbereitschaft den zunehmend eloquenten Nötigungen des Antiquitätenmannes zu erwehren, während der Herr der Treuhand, als befände er sich in einem Ramschlager, den Brotschrank öffnete und von dem ihm nicht gelingenden Bemühen, ihn wieder zu schließen, abließ, um mit einem unübersehbaren Ausdruck von Verächtlichkeit sein Urteil über das Möbel zu fällen. Als sie, schon auf dem Weg zum BMW zurück, dann doch noch einmal mein Haus umrundeten, machte der Antiquitätenhändler einen, wie ich dachte, letzten Versuch, mehr um sein Ansehen als das meines Anwesens zu retten: Na, ist es vielleicht kein schönes Haus!

Wenn ihm etwas zivilisatorische Nachhilfe zuteil würde! stutzte der Treuhänder das doch noch östliche Wertverständnis des Antiqars – und nicht minder meins – auf das nun geltende Maß zurecht, bevor er sich in den Fond der Limousine absenkte.

Als ich nach einer zweiwöchigen Abwesenheit zurückkam, die ich meinen ungebetenen Gästen gegenüber erwähnt hatte, um einem Wiederholungsbesuch vorzubeugen, stand zwar mein

Haus noch, zwei Fenster und die Tür aber waren demoliert. Brotschrank, Buckeltruhen, dazu noch ein paar Brettstühle, Backformen, kurz: alles, was die Seele des Hauses ausmachte, fehlte.

Natürlich ist keiner der zwei Herren auch nur mit einem gekrümmten Finger daran beteiligt gewesen. Und ich weiß, daß ich den neuen Verhältnissen nicht meine wenig normgerechte, dem Alten verhaftete Lebensweise, familienlos und tagelang dem Haus seine Sorgepflicht vorenthaltend, anlasten kann. Ich tu's auch nicht.

Ich erwähne auch selten, daß meine Abwesenheit einem PR-Kursus »Initiative und Innovationen« zuzuschreiben war. Daß er für mich mit derartigem Negativsalto zu Buche schlug, ist eben der Beweis, wie nötig ich solche Wissensaneignungen habe.

Bei diesem Kursus bin ich selbstverständlich Westlern begegnet. In der Ost-West-Zusammenführung lag ja der Sinn, wir sollten an westlichem Wissen partizipieren. Ein Westler auf zehn, zwölf Ostler. Das pralle Gesäuge einer Muttersau reicht ja auch für zwei Handvoll Frischlinge. Weiter will ich bei diesem Bild nicht bleiben. Schon weil wir Ostler alles andere als biologische Frischlinge waren. Frisch wirkten vielmehr die Westler, solarium- oder maledivengebräunt – wer von uns kann das schon unterscheiden? –, wie sie, zwischen Wandtafel und vorderer Bankreihe den Raum in Anspruch nehmend, sich des Überdrucks ihrer Kenntnisse entledigten. Beinah hätte mich ein bißchen Studentenzeitnostalgie erfaßt. Wenn mir nicht plötzlich die Vorstellung dazwischengekommen wäre, der junge Bengel, der da vorne hin- und heraerobict, das könnte glatt dein Sohn sein, wie er dabei ist, der Vollendung seines dritten Lebensjahrzehnts den letzten Schliff zu geben, der Windelscheißer; und was er geworden ist, ohne Pampers! Auch wenn er Kategorie immer noch mit »th« schreibt und es auch sonst ein bißchen hinter den Ohren hat. Jetzt ist er der Maitre de plaisier, mit einem Zeitsprung vorbei an den angeschimmelten Altkadern, na, das läßt er sich doch nicht entgehen; das kostet er doch aus! – Will man seinem Sohn vielleicht Böses!

Der nächste Westler, dem ich näherkam, war der Bereichsleiter auf dem Arbeitsamt, der über mein Altersübergangsgeld (AlÜg) zu befinden hatte. Meine Annäherung an ihn fand allerdings im Vorzimmer ihr Ende, der Rest oblag der Mitarbeiterin. Meine Kenntnis von ihm beschränkt sich auf den etwa anderthalbminütigen Anblick eines wiederum mit einem sommerlich hellen Jackett bekleideten, leicht geneigten Rückens im Nebenraum. »Da haben Sie aber Glück«, sagte die Mitarbeiterin auf dem Weg zurück zu mir, mit fünf Blättern in der Hand, und meinte damit, daß ich mit dem allerletzten Schub in die bevorzugte Kategorie derjenigen gerutscht war, für die die Gnade der frühen Geburt sich in westlicher Großzügigkeit geschuldetem pekuniärem Monatsfixum niederschlägt. Ohne daß ich dafür eine Hand zu rühren hätte.

Aber ich würde ja gerne mehr als eine Hand rühren!

Es gelang mir nicht, außer den Papieren, die mir die freundliche Frau zureichte, auch das Glücksgefühl zu erfassen, das sie mir mit zukommen lassen wollte. Vielmehr empfand ich eine peinliche Ähnlichkeit zu der Situation, als mir der als Behördenangestellter fungierende Hauptmann das Visum für meinen ersten sechstägigen Freigang in der Welt aushändigte. Was seine Behörde und ihre Dienstherren mir jahrzehntelang vorenthalten hatten, löste keine Dankbarkeit aus. Dennoch hatte ich »Danke« gesagt zum Hauptmann und sagte es auch auf dem Arbeitsamt, halb zu der Frau und halb zu dem sommerlich jackettierten Männerrücken im Nebenzimmer.

Damit war mein nahtloser Übergang vom *Jung*autor zum *Alters*übergangsgeldbezieher vollzogen.

Ach so, neulich erhielt ich einen Anruf. Der Sprecher hatte eine deutlich südliche Dialekteinfärbung: Mein Name ist Franz Ferdinand Fischer. Ich bin doppelter Buchautor und Wissenschaftler. Ich brauche unbedingt ein Gespräch mit Ihnen und einem Kollegen.

Mit mir …?
Hier sind alle Psychopathen und Kriminelle in diesem totalitären Stall …
Ich verstehe Sie schlecht.
Ich habe zweimal Asylanträge in der Bundesrepublik gestellt …
Wo?
In der Bundesrepublik. Ich habe nicht mal Antwort erhalten von den Mafiosi.
Ich verstehe Sie *sehr* schlecht …
Ich brauche unbedingt ein Gespräch. Ich bin dreifacher Wissenschaftler und Landwirt. Ich habe Sie empfohlen bekommen …
Mich?
Hier sind alle Psychopathen …
Und der Weg hierher ist Ihnen nicht zu weit?
Auf keinen Fall. Ich bin Nachtarbeiter.
Ach so. Aber wenn Sie uns kennenlernen und feststellen, wir sind hier genauso patholo …
Das ist schon möglich …
Pathologisch hatten Sie wohl nicht gesagt?
Ich bin zweifacher Landwirt und Lyriker …
Ich versteh Sie wirklich sehr schlecht …
Ach, leckt mich doch am Arsch, ihr intellektuellen Arschlöcher …
Es war jedenfalls nicht Postminister Bötsch, um mir einen Aufsichtsratsposten bei der Telekom anzubieten. Dieses Angebot richtete er an Herrn Necker. Insofern hatte ich auch nicht Herrn Neckers Chance abzulehnen. Allerdings bin ich im Zweifel, ob ich sie wahrgenommen hätte. Ich hätte der Telekom auch die desavouierende Unterstellung erspart, *sie spiele falsch*. Also, mit mir wäre sie besser gefahren als mit Herrn Necker. Aber mir ist das Angebot halt nicht gemacht worden. Wie gesagt, die Westler und ich, wir kreisen auf verschiedenen Umlaufbahnen. Nun bin ich fast geneigt zu sagen – störungsfrei. Aber das stimmt denn doch nicht.

Selbstverständlich kenne ich noch eine ganze Reihe weiterer Westler. In Köln, in Würselen, in Iserlohn, in Eßlingen, in Katlenburg... Mit denen habe ich *überhaupt keine* Probleme. Wir sehen uns auch so gut wie gar nicht. Die möchte ich eigentlich auch nicht als Westler bezeichnen.

»KASTRIERTE« MACHER, »IMPOTENTE« VERWEIGERER

Hans-Joachim Maaz

»Positiv denken« heißt die Empfehlung der konservativen Psychologie, der Werbung und der Propaganda. Sie sind die Manipulationsinstrumente der Massenverdummung im Dienste der Fortschrittslüge. Dabei soll der äußere Fortschritt die innere Stagnation verbergen.

Der Wahlkampf der Männer erinnert mich an die Triumph- und Schamnot des Kinderspieles: »Wer hat den Größten?«

Der Lebensmaßstab von Stärke und Erfolg hat mich immer geängstigt. Das Siegenmüssen und -wollen blieb mir stets eine ambivalente Herausforderung, da der mögliche Triumph immer mit Angst vor Versagen und Blamage behaftet blieb und der Scham des Verlierens. Die Mühen des Kampfes belasteten die Beziehungen und schufen Distanzen, an denen ich stets gelitten habe. Erst in meinem Beruf als Psychotherapeut kann ich die ambivalente Spannung zwischen Führen und Geschehenlassen sinnvoll integrieren: Ich nutze mein Geltungsbedürfnis, um meine Beziehungspartner zu ermutigen, und lasse mich dabei von ihren Lebensgestaltungsvarianten anregen und faszinieren. So erfahre ich Stärke, indem ich anderen dazu verhelfe, sich zu entwickeln, und ich bleibe »schwach«, weil ich mich von anderen mitnehmen lasse. Mir ist klar geworden, daß Dominieren-Müssen nur eine Angst verbirgt, als würden Loslassen und Überlassen einer Vernichtung gleichkommen. Dies führe ich auf frühe Erziehungszwänge und Beziehungsdefizite zurück.

Der Zwiespalt zwischen Stärke und Schwäche, den ich vor allem als einen Konflikt zwischen den Anforderungen von außen und meinen innersten Sehnsüchten begreife, begleitet mein Mann-Sein von frühester Kindheit und erfährt immer wieder Zuspitzungen, zuletzt durch die Vereinigung der beiden deutschen

Staaten, mit der existenzbedrohenden Nötigung, sich im Konkurrenzkampf behaupten zu müssen. Eine tragische Seite meiner Kindheit war die Verzweiflung, daß ich nichts als ein kleiner, liebenswerter Junge war.
Damit aber waren die Erwartungen an mich nicht befriedigt. Ich sollte mehr sein: Streng dich an, sei tüchtig, bring gute Zensuren nach Hause, mach uns keine Schande, träum nicht soviel und sei nicht so übermütig und vor allem: Laß dich nicht so zeitig mit Mädchen ein! Die Wünsche und Bedürfnisse, die ich wirklich hatte, meine Ängste und Fragen konnte ich zwar mitteilen, aber sie wurden nicht angenommen, nicht verstanden und nicht wirklich beantwortet. Meine Eltern reagierten aus ihrer Lebensenttäuschung heraus und wollten, daß ich sie zufriedenstellte. Ich habe es vergeblich versucht.
Mit einer durchaus vergleichbaren Haltung hat die SED in der DDR Menschen behandelt und versucht abhängig zu machen und bedürftig zu halten. Die Partei gab die Orientierung, sie verlangte Disziplin und forderte Dankbarkeit mit dem heuchlerischen Versprechen, sich aller Sorgen und Nöte anzunehmen. Aber wer sich einmal an sie wandte – und kein besonders »armes Schwein« unerfüllter Bedürftigkeit war –, versuchte es nie wieder, weil das verführerische Angebot weder die Möglichkeit eigener Erfahrungen, noch das großartige Gefühl einschloß, man sei gemeinsam zu neuen Erkenntnissen gekommen. Am Ende wurde stets belehrt, gelobt für das »richtige Bewußtsein« oder gedroht, wenn man den eigenen Erfahrungen, den individuellen Gedanken und Gefühlen nicht abschwören wollte.
Das Verhältnis blieb konsequent vormundschaftlich.
Die einen haben schließlich resigniert, sich angepaßt und damit fast automatisch Karriere gemacht. Wenn sie partout keine Karriere wollten, sind sie wenigstens in Frieden gelassen worden. Andere haben sich verhärtet und trotzig ihr Innenleben zu schützen versucht, das zwar eine Nische ausfüllen konnte, aber insgesamt doch kraft- und saftlos bleiben mußte. So

entstanden das Heer der »kastrierten« Macher und die Grüppchen der »impotenten« Verweigerer, der trotzigen Helden, die davonlaufen, wenn ihnen Macht in den lahmen Schoß fällt.
Die einen machen die Welt zum Kriegsschauplatz ihrer Ersatzkämpfe, um eine längst verlorene Potenz vorzutäuschen, die anderen protestieren, visionieren und suchen Alternativen, die letztlich nie vollzogen werden. Die Trennung von Verstand und Gefühl, von Pragmatismus und Intellektualität, von Liebe und Lust, von Politik und Zukunft ist eine gefährliche Folge der frühen Spaltung in eine verdrängte Innenwelt und eine aufgenötigte Maskerade.
Zwischen Ost und West sind nur die Masken verschieden. In der DDR war man »gut beraten«, sich zu fügen, sich ein- und unterzuordnen, sich in Disziplin und Ordnung zu üben, vorsichtig und mißtrauisch zu bleiben, die Energie zu zügeln, das Individuelle im Kollektiven zu verbergen, sich bescheiden zu geben und Hilflosigkeit zu kultivieren – oder man stimmte in den Chor der hohlen Vereißungen ein. Diese falschen Töne sind mir eingrammiert, und ihre Erkennungsmelodie entlarvt auch die neuen Herrn. Es sind heute die Mächtigen über Geld und Besitz, Einfluß und Show, die mir vom »guten Leben« singen und mich betören wollen.
Nicht etwa, daß diese Macht nicht wirklich mächtig wäre. Sie entscheidet über Gedeih und Verderb der Abhängigen – aber es bleibt eine veräußerbare Macht, die äußere Mittel anhäuft, um die verlorene innere Mächtigkeit auszugleichen. In ihrem Habitus erinnern solche Männer, vergleicht man ihren häufig aufgeblähten Oberkörper mit den schwächlichen Beinen, an den Koloß auf tönernen Füßen. Sie wurzeln nicht im Urgrund von »Mutter Erde«, sondern entwickeln bloße Imponier-Stärke. Die Größe des Autos, die bereiste Weite, der erlesene Geschmack, das gestylte Outfit, die aufgemotzte Dynamik und die Luxus-Frau in Begleitung sollen vergessen machen, wonach der »kleine Junge« sich wirklich sehnt. Die Gladiatoren im Amphitheater der Macht wollen die Geschichte in den Händen halten.

Hände, die leer blieben, als es wichtig gewesen wäre, Halt, Schutz und Berührungen zu erfahren, um später Autor der eigenen Lebensgeschichte werden zu können.
In der Vereinigung Deutschlands soll das Unmögliche gelingen: Die äußere Freiheit soll auch innerlich befreien. Demokratie und Marktwirtschaft sollen leisten, was alle ersehnen: Daß es ihnen gut gehe. Dabei wird der erlernte Maßstab angelegt: Konsum, Besitz, Zerstreuung! Der jetzige Irrtum ist höchst kultiviert und will glauben machen, daß man sich Liebe verdienen könne, Glück bezahlbar sei, Erfolg befreie. So haben wir schließlich immer mehr, weil wir immer weniger sind. So verbrauchen wir immer mehr, weil wir nicht mehr wissen, was wir wirklich brauchen.
Wir reisen weiter weg, weil wir uns selbst nicht finden. Wir gehen mit der Mode, statt nach unseren Bedürfnissen. Wir schauen fern, weil wir in der Nähe nichts sehen. Wir konkurrieren miteinander, weil wir die Verbundenheit nicht aushalten können. Nähe, Liebe, Gemeinschaft würden unsere vernachlässigten Bedürfnisse aktivieren, könnten uns erinnern, wonach wir wirklich hungern und dürsten. Daß wir weinen und schreien, wäre der Anfang für das Ende der Süchte, die uns außen suchen lassen, was wir nur in uns und zwischen uns finden können.
Die ostdeutschen Männer sind schlimm dran:
– Die Duckmäuser und Mitläufer, die untertänige Jubelschar, die Nachplapperer und Interpreten der Sprechblasen sollen sich jetzt recken und strecken, sich behaupten, eigene Meinungen entwickeln und selbst Entscheidungen treffen.
– Die Beflissenen und Fleißigen, die es wenigstens durch Leistung zur Anerkennung brachten, müssen sich nun neue Herren gefallen lassen – die Herren über Kapital und Grundbesitz. Der Eliteaustausch ist beinahe komplett: Was früher die Partei beanspruchte, das haben heute die Westdeutschen.
– Die couragierten Helden der Revolution mußten erfahren, was mit dem Lob ihrer »Friedfertigkeit« gemeint war: Depotenzierung und Entmachtung!

– Die ehemaligen Bonzen sind am schlimmsten dran (bis auf wenige, denen die Gnade von Schuld und Sühne geschenkt wird). Sie müssen zu Managern mutieren. Sie müssen die Not des Siegens fortführen und finden weder Raum noch Zeit, ihre Ängste und Schwächen, ihre Ohnmacht und Trauer zu leben.
Dennoch haben die ostdeutschen Männer eher eine Chance, ihr Schicksal zu spüren, als die jahrzehntelang auf Erfolg dressierten Westmänner. Nach euphorischer Genugtuung und kreativem Aufbruch des 89er Herbstes – als das Blut der wirklichen Freiheit zu lecken oder wenigstens zu riechen war – erfuhren die ostdeutschen Männer erneut Kränkung und Demütigung, die heilsame Ernüchterung einleiten könnten, vor allem dann, wenn klar wird, daß Wohlstand und ungetrübtes Glück – als wichtigste Entschädigungen für die Schmach der Anpassung und Unterwerfung – nicht, wie erwartet, zu haben sind.
Daß wir mit den neuen schönen Autos im Stau stecken, daß wir unsere Probleme auch nach Mallorca mitnehmen und der Streß die Muße verscheucht, daß der Wettbewerb die Beziehungen vergiftet und der mühsam errungene, bescheidene Wohlstand von den Ärmeren abgejagt werden könnte – all dies sind günstige Voraussetzungen für den Verlust naiver Illusionen.
Hat der Ostmann bereits stärker »weibliche« Seiten integriert, oder muß er, dem Wahn des Westmannes folgend, die innere Entfremdung durch äußere Statussymbole ausgleichen und dadurch die eigentliche Befreiung verfehlen? Die Westmänner greifen auf den Osten in Politik, Wirtschaft, Wissenschaft und Kultur so gnadenlos heftig zu, daß den Ostmännern wenig Freiraum bleibt, ihre weicheren Tendenzen zu entfalten. Diese »Weichheit« meint nicht neurotische Gehemmtheit, sondern das Interesse an Gemeinschaft, Verbundenheit, Freundschaften und gegenseitiger Hilfe – ohne Scheu, Bedürftigkeit mitzuteilen.
Werden die ostdeutschen Männer die gewonnene Selbstverständlichkeit, Frauen – auch im Berufsleben – als gleichwertige Partnerinnen zu betrachten, im männerdominierten Konkur-

renzkampf aufgeben? Werden sie in diesem Punkt der westlichen Versuchung anheimfallen, die mangelhaft erfahrene elterliche Liebe vor allem an den Frauen zu rächen? Im Osten hat es diese Gefahr auch gegeben, aber die Unterdrückung durch den Staats- und Parteiapparat war eine gute Gelegenheit, sich gegen den gemeinsamen Gegner zu verbünden. Die Gemeinschaft der Not zügelte die Konkurrenz. Wohingegen die Individualisierung der Not im Westen die süchtige Rivalität zu provozieren scheint.

Wenn wir durch Mangel an einfühlenden und bejahenden Beziehungen unsicher geworden sind und verlernt haben, auf das zu vertrauen, was wir wirklich wahrnehmen und fühlen, dann werden wir unvermeidbar von innen nach außen orientiert. Wir werden abhängig von äußeren Angeboten und von äußerer Führung. Wenn wir in unseren wesentlichen sozialen Bedürfnissen unbefriedigt bleiben und in innere Spannung geraten, dann werden wir süchtig nach Dingen, die uns Entspannung verheißen. So lassen wir uns durch Werbung verführen, oder wir brauchen Alkohol und Medikamente, um etwas Beruhigung zu finden.

Wir unterwerfen uns in der Hoffnung, endlich die Gnade der Annahme zu erfahren, oder wir überfordern uns, um zu beweisen, daß wir liebenswert sind. Dies sind nur zwei Varianten des gleichen Schicksals.

Die deutsche Vereinigung beschert den deutschen Männern auf beiden Seiten eine neue Herrschafts- oder Unterwerfungsgelegenheit, die die jeweilige Einseitigkeit und die Entfremdung nicht gewahr werden läßt. Allerdings ist eine solche Beziehung auch eine Angst- und Haßverbindung, die in den Herzinfarkt oder den nächsten Krieg führen wird.

Wir Ostmänner haben nicht mehr von den Westmännern zu lernen als diese von uns. Dies einzusehen, wäre bereits die Revolution der Verbrüderung. Sie ängstigt uns, weil sie uns mit der wahren Geschichte unserer Entfremdung konfrontieren würde.

WAS MACHT DEN MANN ZUM MANN?

Janine Berg-Peer

Der Ostmann – das unbekannte Wesen?

Als Katrin Rohnstock mich fragte, ob ich etwas zum Thema Frauen aus Ost- und Westdeutschland schreiben könne, war ich begeistert und – sehr viel wichtiger – mir fiel auch sofort etwas ein. Als sie mich nun zum Thema Männer in Ost und West befragte, hielt sich meine Begeisterung erst einmal in Grenzen und, viel schlimmer, mir fiel gar nichts ein.
An keinen meiner Ostbrüder hatte ich bislang Erwartungen geknüpft, die er hätte enttäuschen können. Folglich hatte ich Ostmänner auch nicht aufmerksam beobachtet oder mit ihnen das Gespräch über Gemeinsamkeiten und Unterschiede gesucht. Weder aus Arbeits- noch aus Liebesziehungen verfügte ich über empirische Erfahrungen, die verallgemeinerbare Aussagen rechtfertigen würden.
Der Ostmann? Bislang für mich das unbekannte Wesen. Bis auf eines vielleicht: Die asbesthaltigen Hosen, wie Alexander Osang es so schön beschrieben hat, die grauen Halbschuhe mit anvulkanisierter Sohle oder auch die graubeige Windjacke, die blousonartig mit eingenähtem Bündchen auf dem oberen Gesäß abschließt, die von Ostmännern auch nach der Wende lange bevorzugt wurden (wenn auch kurzfristig abgelöst von mauvefarbenen Jacketts à la Michael Diestel, über den die Bundesrepublik ja ein neues erotische Leitbild gewonnen hat) – all das fand ich immer optimierungsbedürftig.
Inzwischen kann ich durchaus Vergleiche anstellen. Keine großen Fallzahlen, keine Repräsentativität, aber ich bin schon lange Anhängerin der Auffassung, daß der Lerneffekt aus unzulässigen Verallgemeinerungen außerordentlich groß ist, da er zum Widerspruch reizt.

Es ist mein Job, Manager nach der Trennung von ihrem Unternehmen bei der Suche nach einer neuen beruflichen Position zu unterstützen. Outplacement-Beraterin nennt sich das. Dabei geht es nicht darum, neue Positionen zu vermitteln, sondern die Männer psychologisch bei der Verarbeitung der Trennungssituation und methodisch bei der Definition einer neuen Zielposition zu unterstützen, ihnen Suchstrategien auf dem Arbeitsmarkt zu vermitteln und ihnen in der Suchphase als Coach zur Seite zu stehen.
Seit einiger Zeit kommen zunehmend Ostmanager in die Outplacement-Beratung, und ich habe feststellen können, daß sie ganz anders mit ihrem Arbeitsplatzverlust umgehen, als ich das bei Westmanagern beobachten konnte.

Verlust von Arbeit – Verlust von Männlichkeit?

Wir alle wissen, daß es den Ossis schlechter geht als den Wessis. Die Ossis sind die Verlierer und die Wessis die Gewinner eines »unfriendly takeover«, das auch Wiedervereinigung genannt wird.
Aus der Sicht einer Outplacerin stellt sich dies allerdings ein wenig anders dar: West- wie Ostmanager verlieren heute zunehmend ihren Job, und beide trifft der Verlust ihres Arbeitsplatzes hart, jedoch scheinen Ostmanager sehr viel gelassener damit umzugehen und dies vor allem weniger als Verlust ihrer Männlichkeit zu verarbeiten. Das hat mich interessiert.
Finanziell scheint der Ostmanager zumeist besser abgesichert, so daß die materielle Angst spürbar geringer ist. Vielleicht spielt auch eine Rolle, daß selbst gut verdienende Ostmänner in meiner Beratungspraxis deutlich machen, daß sie wesentlich geringere Konsumansprüche stellen, als dies bei Westmännern üblich ist. Darüber hinaus ist die Entlassung für den Ostmann auch psychisch oft weniger belastend: Hier wirkt entlastend, daß ihn ein Schicksal trifft, das in keiner Weise auf individuel-

les schuldhaftes Versagen zurückzuführen ist, sondern das ein kollektives zu sein scheint: In der westdominierten Marktwirtschaft ist eben kein Platz für Ostmanager. Von großer Bedeutung ist, daß das private Unterstützungssystem des Ostmanagers sehr viel besser zu funktionieren scheint, als man das aus Westmanagersicht sagen könnte. Der Ostmanager bleibt für seine Frau auch dann ein Mann, wenn seine Funktion als Ernährer der Familie nicht mehr garantiert ist.

Darauf kann der Westmanager nicht bauen: Finanziell unter Druck, jeglichen Statussymbols beraubt und kaum in der Lage, sich psychisch damit zu entlasten, daß die Gründe für seine Kündigung in außerhalb seiner Person liegenden Faktoren zu sehen sind – hat er doch selbst jahrelang gepredigt, daß Unternehmen durch die Konzentration auf Leistungsträger konkurrenzfähiger gemacht werden müssen –, reagiert seine Ehefrau bestenfalls mit Verunsicherung, oft aber mit Vorwürfen und Unverständnis, wenn der jahrelang aufgebaute und gepflegte Herrschaftsmechanismus zusammenbricht. Ein Manager, der seine Familie nicht mehr statusgerecht versorgen kann, ist kein Mann mehr.

Männer ohne Arbeit

Wie geht es Männern, die von einem Tag auf den anderen ohne Arbeitsplatz dastehen? Männern, denen nachgesagt wird, daß der Beruf subjektiv und objektiv eine außerordentlich große Rolle in ihrem Leben spielt und deren Identität sich ganz wesentlich aus dem Wissen speist, legitimierte Macht über andere Menschen ausüben, Privilegien in Anspruch nehmen zu können, die ihnen einen Status verleihen, der sie sichtbar über Menschen anderer betrieblicher Hierarchieebenen stellt? Und die – last but not least – einen großen Teil ihrer männlichen Identität daraus beziehen, daß sie Ehefrau und Kindern ein in materieller Hinsicht angenehmes und sorgenfreies Leben garantieren können? Wie geht es Managern ohne Arbeit? Und wie unterscheiden sich in der Reaktion auf die Trennung vom Unternehmen Manager aus den neuen und den alten Bundesländern?

Enttäuschung

Anders als zu erwarten, ist es nicht die Angst vor der materiellen Unsicherheit, die für Manager in dieser Situation im Vordergrund zu stehen scheint. Kennzeichnend für die Situation unmittelbar nach der Trennung ist eine große Enttäuschung darüber, daß das Unternehmen, der Geschäftsführer, der Personalleiter den Betroffenen das antun konnte.
Ähnlich wie bei Ehescheidungen ist die vorwurfsvolle Haltung »nach allem, was ich für dich (das Unternehmen) getan habe« deutlich. Vor dem Hintergrund der sehr hohen Identifikation mit dem Unternehmen, die als Gegenleistung für hohe Gehälter und vielfältige Statussymbole von Managern erwartet wird, ist diese Enttäuschung verständlich. Der instrumentelle Charakter der freundschaftlichen Beziehungen, die unter Führungskräften üblich sind, wird verkannt. Die Trennung scheint aus diesem Grund auch als Verrat an einer menschlichen Beziehung gewertet zu werden.
Enttäuschung und Unverständnis ist bei den Ostmanagern ausgeprägter. Enttäuschung, weil die (pseudo)freundschaftlichen Beziehungen auf hoher betrieblicher Ebene nicht als eine notwendige Form des ritualisierten beruflichen Umgangs miteinander verstanden wurden, sondern als Ausdruck echter Freundschaft und Anerkennung. Die Enttäuschung und das Unverständnis sind um so größer, wenn es sich um Ost-Führungskräfte handelt, die sich stark während des Privatisierungsprozesses engagiert hatten und sich als »Retter« des eigenen Unternehmens in die Marktwirtschaft hinein verstehen.
Auch bei den Westmanager ist die menschliche Enttäuschung

spürbar, wenn auch nicht so ausgeprägt. Hier scheint eine realistischere Haltung gegenüber den in Unternehmen üblichen – zwangsläufig oberflächlichen – Beziehungen zwischen Führungskräften vorzuherrschen.

Warum?

Der Arbeitsplatzverlust trifft Ost- wie Westmann zumeist unerwartet. Keiner konnte sich vorstellen, daß diese Situation eintreten würde und hat eine Antwort darauf, woran es gelegen haben kann. Keiner will Signale erkannt haben, die auf einen drohenden Vertrauensverlust hingewiesen haben könnten. Weder Ost- noch Westmanagern kommen eigene Leistungsschwächen als Hintergrund für die Unternehmensentscheidung in den Sinn.
Von daher ist «Warum?« die zentrale Frage, die anfänglich in der Beratung immer wieder gestellt wird. Zweifel an der eigenen Leistungsfähigkeit, der Richtigkeit der in der Vergangenheit getroffenen Entscheidungen, der eigenen Teamfähigkeit oder auch der Art der Mitarbeiterführung werden selten geäußert. Wenn überhaupt angenommen wird, daß der Erfolg im eigenen Entscheidungsbereich in der Vergangenheit ausblieb, dann werden externe Faktoren dafür verantwortlich gemacht: Der Markt ..., die internationale Konkurrenz ..., die verkrusteten bürokratischen Strukturen ..., die realitätsfernen Zielsetzungen oder falschen Entscheidungen der Geschäftsleitung müssen als Erklärung für die als ungerecht und unnötig empfundene Entscheidung herhalten.
Beim Umgang mit der Frage »Warum?« sind jedoch deutliche Unterschiede zwischen Ost- und Westmann erkennbar. Kein Ostmann, den ich in der Beratung erlebt habe, hat bislang auch nur leiseste Zweifel an der eigenen Leistung geäußert. Hier scheint die Abwehr einer auch nur geringfügigen »Schuld« oder eines eigenen Beitrags zum Karrieredesaster im Kampf um die

Aufrechterhaltung eines positiven Selbstbildes lückenlos zu funktionieren. Ostmanager haben mir mit heiterer Selbstironie erzählt, daß die »Schuldabwehr« eine der am besten entwickelten Arbeitstugenden im real existierenden Sozialismus war! Auf das vorsichtige Nachfragen der Beraterin nach möglichen Schuldanteilen wird mit absolutem Unverständnis reagiert.
Anders der Westmann. Auch von ihm wird der Verdacht eines persönlichen Leistungsmangels heftig abgewehrt. Allenfalls sieht man sich als »Bauernopfer«, als Sündenbock für Fehlentscheidungen, die außerhalb des eigenen Entscheidungsbereichs lagen und für die nun ein Schuldiger gesucht werden muß. Und nun beginnt ein fast selbstquälerischer Prozeß, bei dem immer wieder überlegt wird, welche taktischen und strategischen Fehler man gemacht haben könnte, da man die Intrigen gegen die eigene Person nicht frühzeitig bemerkt hat.
Frieden mit der eigenen Fehlerlosigkeit wird wieder geschlossen, indem man feststellt, daß man selbst sich zuviel mit Inhalten und konkreten Arbeitsaufgaben beschäftigt habe, während andere sich 80% ihrer Arbeitszeit mit Intrigen und dem Verfolgen selbstsüchtiger Karriereziele abgeben: Man hat nicht mitbekommen, daß andere am eigenen Stuhl sägten. Auf diese Weise wird ein selbstverschuldeter »Fehler« anerkannt, der schmerzlos in das eigene Selbstbild integriert werden kann.

Warum ich?

Unter psychischen Gesichtspunkten weniger belastend ist die »Schuldfrage« bei Managern, deren Arbeitsbereich aufgrund von Umstrukturierungen weggefallen ist. Dennoch schleicht sich auch hier bei West wie Ost zuweilen die ängstliche Frage ein: »Warum ich?«. Gerade als Führungskraft wird die Entscheidung zum Personalabbau verstanden; was weniger gut verstanden wird, ist die Entscheidung, daß die eigene Person in die Trennungswelle mit einbezogen wurde. »Warum ich«, wird

häufig gefragt, insbesondere, wenn an die eigene Unersetzbarkeit geglaubt wurde.
Beantwortet wird die Frage von Ost wie West mit einer Mischung aus selbstbewußter Tapferkeit (»Ich akzeptiere diese unternehmensstrategische Entscheidung, ich weiß ja, wie es um das Unternehmen steht.«) und aus Enttäuschung. Hier sind die Ostmanager den Westmanagern gegenüber allerdings deutlich im Vorteil. Sie wissen nur zu gut, warum sie gehen müssen: Im Zweifelsfall trifft es halt immer den »Ossi«. Und die Erfahrung zeigt, daß sie mit dieser selbstachtungserhaltenden Schuldzuweisung im Regelfall auch noch recht haben.
Ist es Naivität von Managern, daß der Wegfall des eigenen Arbeitsplatzes sie so völlig überraschend trifft? Bei Menschen, die selbst an Rationalisierungsentscheidungen mitgewirkt haben und die besser als Mitarbeiter anderer Hierarchieebenen über die wirtschaftliche Situation des Unternehmens informiert sein sollten, ist die totale Überraschung auf den ersten Blick erstaunlich. Neben dem verständlichen Wunsch, Unangenehmes zu verdrängen und dem Prinzip Hoffnung zu huldigen, scheint es mir jedoch auch verständlich. Es wäre kaum möglich, loyal und engagiert der Arbeit für ein Unternehmen in dem Bewußtsein nachzugehen, daß man täglich aus ihm ausgestoßen werden kann.

Angst vor Gesichtsverlust

Die Angst vor Gesichtsverlust spielt eine entscheidende Rolle in den ersten Phasen der Trennungssituation. Viel Beratungszeit muß darauf verwendet werden, eine selbstachtungserhaltende Sprachregelung zu finden, die die Trennung in für beide Seiten akzeptable Worte faßt. Die große Angst davor, die neue Situation selbst im engsten Bekanntenkreis offenbaren zu müssen, die bei fast allen Betroffenen deutlich wird, zeigt, welchen Stellenwert der Beruf für den Manager haben muß. Deutlich wird

dabei auch, daß trotz verbaler Abwehr eines eigenen Anteils an der Trennung befürchtet wird, daß die Außenwelt die Schuld eher in fehlender Leistung des Betroffenen sehen könnte.
Immer wieder wird in den Beratungssitzungen über ein Thema gesprochen, das für den Manager zu einem besonderen Leidensdruck führt: der innerbetriebliche Statusverlust. Nur sehr schwer scheint er zu verkraften, daß unmittelbar nach Trennungsverkündung die Einladungen zu offiziellen und inoffiziellen Empfängen versanden, daß der eigene Name nicht mehr auf der Liste für den monatlichen Lunch bei der American Chamber of Commerce zu finden ist, daß keine Informationen mehr auf dem Schreibtisch landen. Mit dem Entzug des Büroschlüssels, dem Austauschen des Passwords für das betriebsinterne Kommunikationsprogramm und der Rückgabe aller Kreditkarten wird der Manager aller Insignien seines Erfolgs entkleidet und – zumindest in seiner Wahrnehmung – dem Gespött der ehemaligen Kollegen und Mitarbeiter anheimgegeben.
GAU für die männliche Berufsidentität scheint allerdings die Rückgabe des prestigeträchtigen Firmenwagens zu sein. Ab sofort mit dem Polo der Ehefrau bei Bekannten vorfahren zu müssen, stellt alle anderen mit der Trennung verbundenen Eingriffe ins männliche Selbstbewußtsein in den Schatten. In dieser Beziehung scheint der Ostmann noch mehr zu leiden als der Westmann.

Die Ehefrau

Drei Wochen brauchte Theodor Fontane, bis er seiner Frau mitteilen konnte, daß er seinen Arbeitsplatz verloren hatte. Und da war sie bereits seit zwei Wochen in England auf Reisen und erfuhr es durch einen Brief.
Mancher Westmanager tut sich schwerer als Fontane. Ein Jahr nach dem ersten Trennungsgespräch im Unternehmen und

drei Monate nach Unterschrift unter den Aufhebungsvertrag erklärt mir ein entlassener Westmanager, daß er seiner Frau die Nachricht erst nach und nach schonend beibringen wolle; sie sei so sensibel. Nicht allen Männern fällt es derart schwer, die eigene Kündigung der Lebenspartnerin mitzuteilen, aber die Angst, vor die Ehefrau zu treten und sie damit zu konfrontieren, ist bei vielen enorm. Gerade zu Beginn der beruflichen Neuorientierung müssen die Berater immer wieder feststellen, daß die Rolle der Ehefrau für den Umgang mit dem Verlust des Arbeitsplatzes von erheblicher Bedeutung ist. Wird sie mir die Schuld geben, wird sie mir Vorwürfe machen, wird sie zusammenbrechen?

Wenn ich hier von Ehefrauen und nicht Ehemännern spreche und auch nicht von Lebenspartnerinnen, dann ist das keiner sprachlichen Gewohnheit oder Mangel an Präzision, sondern der empirischen Tatsache geschuldet, daß zum einen kaum Frauen in der Praxis des Outplacement auftauchen und daß der im Durchschnitt 49 Jahre alte Manager, der uns als Klient begegnet, zu 99% verheiratet ist und nur in Ausnahmefällen mit einer Lebenspartnerin oder gar als Single lebt. Wenn wir davon ausgehen, daß heute eine hohe Anzahl von Menschen in nichtehelichen Lebensgemeinschaften lebt und auch der Anteil der Menschen, die ein Singledasein als Lebensform bevorzugen, zunimmt, scheint sich zumindest im mittleren Management in dieser Altersstufe noch ein traditinellerer Lebensstil erhalten zu haben.

Vor dem Hintergrund dieses konventionellen Lebensentwurfs wird auch verständlich, warum die Konfrontation der Ehefrau und Familie mit dem Verlust des Arbeitsplatzes vom Manager besonders gefürchtet wird. Da ist zum einen die Angst vor einer materiell weniger gesicherten Zukunft, die Manager in dieser Situation derartig zurückhaltend macht. Hier ist die Sorge von Managern, deren Ehefrauen nicht berufstätig sind, naturgemäß größer als bei Managern mit berufstätigen Ehefrauen. Dabei scheint es nicht nur das zweite Einkommen zu sein, das eine

größere Gelassenheit im Umgang mit der drohenden Arbeitslosigkeit bedingt.
Wenngleich es kaum offen ausgesprochen wird, steht doch dahinter auch die Angst, inwieweit der bislang aufgrund seiner angesehenen Position als omnipotent empfundene Ehemann und Vater nun als Versager gesehen wird. Bei Managern ist in der Regel über das Gehalt nicht nur die familiäre Subsistenz gesichert, über die Gehaltshöhe ist gleichfalls ein gewisser Luxus gesichert, und mittels Firmenwagen und anderer Statussymbole wird nicht nur dem Manager selbst, sondern in der Regel auch der gesamten Familie, mindestens aber der Ehefrau der Zugang zu bestimmten Gesellschaftsschichten garantiert. Fallen diese »fringe benefits«, die das familiäre Ansehen des Managers positiv beeinflußt haben, für die gesamte Familie weg, ist die Befürchtung berechtigterweise groß, daß sein Ansehen innerfamiliär erheblich leiden wird.
Und – der Eindruck drängt sich auf – nicht nur sein Ansehen als Ernährer. »Ich habe einen Direktor und keinen Arbeitslosen geheiratet!« wurde einem Kollegen von einer Ehefrau erklärt, als dieser sie sanft zur moralischen Unterstützung ihres depressiven Mannes motivieren wollte. Berücksichtigt man die viel zitierte erotisierende Wirkung von Macht und Status, dann ist anzunehmen, daß er für die Ehefrau ohne Job weniger Mann ist als zuvor.
Hinzu kommt, daß die nicht berufstätige Ehefrau zumeist wenig Einblick in die betriebliche Realität hat – sei es, weil es ihr an Interesse mangelt oder weil der Ehemann aus seiner Position der Überlegenheit ihr die Probleme des Arbeitsalltags nicht zumuten möchte. Das erschwert es ihm in dieser Situation, ihr den Hintergrund seiner Trennung vom Unternehmen deutlich zu machen, und begünstigt eine angstbesetzte oder vorwurfsvolle Reaktion von ihrer Seite.

Ostmann bleibt Mann – auch ohne Arbeitsplatz

Kein Ostmann hat bislang in meiner Beratung Ängste erkennen lassen, seine Frau über die Situation zu informieren, keiner berichtet über große Ängste der Partnerin. Die Frauen scheinen gelassen und solidarisch zu reagieren, insbesondere, wenn sie selbst noch einen Arbeitsplatz haben.

Anzunehmen ist, daß hier der Ostmann auch nach Zusammenbruch des Sozialismus von einer der Errungenschaften des Sozialismus profitiert: Die zumindest formale Gleichberechtigung der Frau, was den Zugang zu Qualifikation und Arbeitsplatz betraf, und das damit entstandene Bewußtsein, Mann und Frau seien gleichermaßen für die Subsistenzsicherung von Familien zuständig, scheint die Ostfrau in die Marktwirtschaft hinübergerettet zu haben. Männliche Autorität und Attraktivität als Mann sind keine Resultate aus betrieblicher Position, Gehaltshöhe und Autotyp.

Selbst ihr (Ost-)Leben lang berufstätig, hat die Ostfrau häufig die schmerzvolle Erfahrung des Arbeitsplatzverlustes bereits hinter sich oder weiß, daß es sie jeden Tag ebenfalls treffen kann. Inwieweit das größere Verständnis der Ostfrau auch mit ihrem höheren Qualifikationsniveau zusammenhängt, kann nicht eindeutig beantwortet werden. Deutlich ist jedoch, daß Ehefrauen der Ostmanager zumeist selbst einen akademischen Beruf ausgeübt haben, während die Ehefrau des Westmanagers in der für Outplacement typischen Altersgruppe oft »nur« über eine Ausbildung in einem Lehrberuf verfügt – Sekretärin, Buchhalterin, MTA oder Krankenschwester – und diesen Beruf zumeist nach dem ersten Kind aufgegeben hat.

Angst vor materieller Unsicherheit

Nicht zuletzt ist die größere Gelassenheit der Ostfrau und des Ostmanagers auch der besseren finanziellen Absicherung geschuldet. Hier lassen sich deutliche Unterschiede zwischen Ost- und Westmanager erkennen, wobei bei Westmanagern nach Alter differenziert werden muß. Dem 56jährigen Westmanager geht es finanziell zumeist nur um die Sicherung seiner Altersversorgung. Wichtig für ihn ist es, nach Jahren in einer verantwortungsvollen Position nun nicht untätig sein zu müssen. Demgegenüber macht sich der 45jährige Westmanager mit zwei Kindern in der Ausbildung und einer zu versorgenden Ehefrau durchaus große Sorgen um seine weitere materielle Absicherung.

Der Ostmanager zeigt sich in bezug auf seine materielle Situation von außerordentlicher Gelassenheit. Hier mögen die größeren Ersparnisse eine Rolle spielen, die billige Wohnung, das abgezahlte Haus, die Datsche. Anzunehmen ist aber auch, daß trotz Westgehältern die meisten Ostmanager ihren Lebensstandard (bis auf die Anschaffung eines Opel Vectra oder eines Audi 8) nicht wesentlich erhöht haben – vielleicht, weil dem plötzlichen Wohlstand nicht wirklich getraut wurde und weil auch die neuen Privilegien noch nicht als Selbstverständlichkeit im Bewußtsein verankert sind.

Denkbar ist auch, daß die existentielle Erschütterung, die für die meisten Ostmenschen mit der Wiedervereinigung verbunden war, sie zu größerer Gelassenheit im Umgang mit weiteren Schicksalsschlägen befähigt hat. Auch die Tatsache, daß der Verlust des Arbeitplatzes ein kollektives Schicksal ist, für den ein gemeinsamer Außenfeind zuständig ist, mag die persönliche Erschütterung wesentlich dämpfen.

Umgang mit der beruflichen Neuorientierung

Deutliche Unterschiede ergeben sich bei West- und Ostmanagern im Umgang mit der beruflichen Neuorientierung. Das fängt schon an bei der Herausarbeitung der eigenen beruflichen Erfolge und Kompetenzen: Außerordentlich schwer fällt es dem

Ostmanager, den individuellen Anteil an einer beruflichen Problemlösung zu erkennen. Stets ist es das Kollektiv, die Gruppe, die Abteilung, der es gelungen ist, ein Verfahren zu optimieren, ein neues Produkt zu entwickeln oder eine Versorgungslücke zu schließen. So sehr es menschlich erfreulich ist, die gemeinsame Anstrengung und den Erfolg im Vordergrund zu sehen: Die Identifizierung persönlicher Stärken und eventuell auch Schwächen, die für die Suche nach einer neuen Position unabdingbar ist, erschwert es außerordentlich. Überhaupt Schwächen: Schwächen zu erkennen oder zumindest zuzugeben, fällt dem Ostmanager überaus schwer. Warum, höre ich immer wieder, soll ich Schwächen zugeben, die dazu führen können, daß der potentielle Arbeitgeber mich nicht einstellt?

Hier ist der jahrelang durch Seminare in Pseudooffenheit geschulte Westmanager dem Ostmanager gegenüber im Vorteil: Sehr viel gelassener kann er über die eigenen Stärken und Schwächen sprechen. Ihm ist häufig empfohlen worden, ausschließlich versteckte Stärken als Schwächen zu benennen.

Generell ist der Ostmanager zumindest anfangs eher verschlossener als der Westmanager. Selbstreflektion oder die Beschäftigung mit der eigenen Persönlichkeit wurde entweder weniger betrieben oder zumindest nicht öffentlich oder mit fremden Menschen. Noch schwieriger wird es, wenn es um Selbstdarstellung geht. Nicht nur bei Ingenieuren scheint eine starke »Produktorientierung« vorzuherrschen und ein großer Widerwillen dagegen, sich um die »Verpackung« zu kümmern. »Es geht doch um meine beruflichen Fähigkeiten, weshalb soll ich mich um meine Selbstdarstellung, überhaupt um Äußerlichkeiten kümmern?« Der Hinweis, daß der erste Eindruck zwischen Menschen eben über Äußeres geprägt wird, bevor überhaupt ein Inhalt zum Tragen kommen kann, wird eher mit Skepsis aufgenommen. Sich selbst anbieten oder gar anpreisen zu müssen, ist für manche eine nur schwer zu überwindende Hürde.

Deutlich schwerer als vielen Westmanagern fällt es dem Ostmanager auch, über seine kommunikativen Fähigkeiten Kontakte zu knüpfen. Die hier sehr stark vorherrschende Sachorientierung findet sich allerdings auch im Westen oft bei Ingenieuren. Ost- wie Westmanager, die immer schon stark kundenorientiert gearbeitet haben, tun sich hier deutlich leichter.

Der Ostmann – das unbekannte Wesen?

Immer noch bin ich der Auffassung, daß die meisten Ostmänner hinsichtlich ihrer äußeren Selbstdarstellung an sich arbeiten müssen. Ich lasse mir aber gerne vorwerfen, daß es sich um eine sehr subjektive Wahrnehmung und ausschließlich um ein ästhetisches Problem handelt.

Ansonsten habe ich viel dazugelernt: Das gleichberechtigte Verhältnis zur Lebenspartnerin des Ostmannes gefällt mir gut. Ebenso der Eindruck, daß für sie der Verlust des Arbeitsplatzes nicht als Verlust von Männlichkeit empfunden wird. (Obwohl dies wohl eher für ihre Frauen spricht!) Daran könnte sich mancher traditionelle Westmann ein übrigens auch für ihn selbst entlastendes Vorbild nehmen. Noch eins ist mir positiv aufgefallen: Unterhaltungen, die nicht direkt berufsbezogen sind, sind mit Ostmanagern oft sehr viel interessanter als mit Westmanagern, weil Ostmanager allem Anschein nach ein breiteres Interessenspektrum haben.

Über die im Osten bei Männern offensichtlich stark ausgeprägte Vorliebe für rote Kleidungsstücke in den ausgefallensten Schattierungen würde ich nach wie vor gerne einmal eine sehr kritische Diskussion führen. Ansonsten ist meine Neugierde am Ostmann durchaus geweckt: Heute könnte ich mir sogar vorstellen, einen Ostmann auch aus einer anderen Perspektive als der einer Outplacerin kennenzulernen.

WIE SAG ICH'S IHM?

Andrea Schramm

»Wie ist denn deine Planung für die nächsten Tage?« fragte mich Martin mit erwartungsvoller Stimme vorgestern am Telefon. Im stillen übersetzte ich: Ich habe frei und wünsche mir, daß du kommst.

Nein, so leicht sollte er's nicht haben: »Du weißt doch. Ich arbeite an einer Reportage«, erwiderte ich scheinbar nichtsahnend.

Die Stimme am anderen Ende, nun mutiger: »Auch am Wochenende?«

Nun komm schon, dachte ich. Nur noch ein paar Worte. Das ist doch gar nicht schwer, einfach zu sagen: »Ich würde mich freuen, wenn du kommst.«

Stille. Tiefes Luftholen. Wieder nichts.

Am Freitag bin ich doch auf der Autobahn nach Hamburg. Er hat es wieder mal geschafft. Ich bringe dreihundert Kilometer hinter mich, nur um ihn zu sehen.

Die ganze Fahrt über plagen mich Visionen, wie ich zum Wessi mutiere: Bei der Begrüßung konzentriere ich mich darauf, ihm nicht um den Hals zu fallen. Wenn wir über Gefühle reden, zitiere ich aus dem letzten »Stern«-Artikel zum Thema. Und sollte er mich zufällig küssen, zähle ich, um nicht die Kontrolle zu verlieren.

Nein, mit mir nicht. Diesmal sag ich's ihm. Ganz bestimmt. Vielleicht schon beim ersten Glas Rotwein.

Vor zwei Jahren lernten wir uns kennen. Damals dachte ich, daß sich ein Westmann allein dadurch von einem Ostmann unterscheidet, daß er rohe Möhren ißt, auf seinen Cholesterinspiegel achtet und statt Freundin »Beziehung« sagt.

Martin ist ein Kollege – einer von jenen Männern, die noch mit achtzig sagen, sie fühlen sich wie siebzehn.

Ich traf ihn, als ich für eine Hamburger Firma einen Dokumentarfilm recherchierte. Wenige Sekunden vor unserer ersten Begegnung faßte ich für mich einen wichtigen Entschluß. Nie wieder wollte ich für eine West-Firma arbeiten. Schuld daran war der Regisseur. Beim Essen legte er eine große Kartoffel von seinem auf meinen Teller: »Ich habe mal gelesen, daß Ihr Ossis gern Kartoffeln eßt.« Äußerlich ruhig, aber innerlich kochend, balancierte ich die Kartoffel über seinen Tellerrand zurück. In dem Moment betrat Martin das Café. Er war der Kameramann. Während ich trotzig an meiner Kartoffel würgte, begann er von den letzten Dreharbeiten in Korea zu erzählen. Das Filmangebot in New York habe er gerade abgelehnt, weil der Autor so nervend wäre. Ich hatte meine letzten Interviews in Kleinmachnow und Großtzschocher gemacht. Ich knüllte die Serviette zu einer Kugel und warf sie auf den Teller. Die braune Soße spritzte auf das weiße Tischtuch.
Sofort begann Martin, sich zu rechtfertigen. Für diesen Luxus verzichte er auf Geld und Familie. Seine einzig dauerhafte Beziehung sei die zu seiner Kamera. Er schlug sein linkes Bein über sein rechtes.
Diesem Typ Mann bin ich im Osten nie begegnet. Er ist ein Produkt des Westens, dieser von jedem und allem unabhängige Single-Mann, der mit vierzig noch auf dem Selbsterfahrungstrip ist. Mit zwanzig will jeder so leben. Spätestens mit den Windeln der Kinder wandern die Ideale in die Mülltonne.
Wir waren schon Freunde, als er mich zum Essen zu sich lud. Über der Klingel war mit schmuddeligen Pflasterstreifen der Name einer Frau abgedeckt, die irgendwann einmal hier mit ihm gewohnt hatte.
In einer weißen Kittelschürze öffnete Martin die Tür. Statt nach Jil Sander roch er nach Knoblauch und Zwiebeln. Entschuldigend schob er mich ins Wohnzimmer, während er in die Küche zurückrannte.
Ich schaute mich um. Da waren die Schriftrolle aus Korea, die Filmklappe aus Polen und ein ausgeschnittenes Foto aus der

»taz«, auf dem ein fettes Kind Rollschuh läuft. Eine dicke Buddha-Statue lachte mich mit blinzelnden Augen an.

Mit zwei Gläsern und einer Flasche Rotwein setzte sich Martin zu mir. Ich betrachtete ihn, diesen jungenhaften Typ Anfang vierzig. Der ergraute Wolf, der nur hin und wieder ein Schäfchen reißt, um dann in seine »Mich-versteht-sowieso-keine«-Einsamkeit zurückzutrotten. Amüsiert bemerkte ich, wie ich seine in all den Jahren perfektionierte Selbstinszenierung zwar durchschaute, er mich deshalb aber nicht weniger interessierte. Ich blickte ihm in die Augen. Er wich aus. Irgendwann stand ich auf und schaute provozierend aus dem Fenster. Er stellte sich neben mich. Zu weit weg, als das wir uns berührten – aber nahe genug, daß ich mich an ihn lehnen konnte. Vorausgesetzt, ich machte einen Schritt auf ihn zu. Ich umarmte ihn. Er trug mich in sein Schlafzimmer.

Eine Vision: 1984. Er, der Westkameramann, dreht im Osten »Hetzfilme«, und ich, die beflissene FDJlerin, mache in der »Sozialistischen Produktion« Praktika.

Was wäre damals wohl passiert? Vielleicht hätte mich der Schuldirektor auf sein Zimmer bestellt: »Warum haben Sie derartige Feind-Kontakte? Ist das Ihre Art, den Sozialismus aufzubauen?« Mir hätte ein Verweis geblüht, und ich wäre eine Woche Gegenstand des Schultratsches gewesen. Die Mädchen hätten mich gefragt, ob er mir Feinstrumpfhosen schenkt, und die Jungs, ob er im Bett besser als ein Ostler sei.

Am Morgen danach. Noch unerfahren im Umgang mit Westgeliebten, wollte ich mich auf Martins Schoß setzen. Da fiel ihm prompt ein: Er hatte sein Frühstücksei in der Küche vergessen. Während ich allein im Zimmer wartete, rebellierte mein Gewissen. Ich saß mit Martin in Hamburg. Mein Freund Alexander frühstückte allein in Berlin. Ich hatte zwei Männer. Zum ersten Mal in meinem Leben. Alexander lebt im Prenzlauer Berg und Martin an der Alster. Einer im Osten und einer im Westen. Und ich dazwischen. Martin riß mich aus meinen Gedanken, knallte einen »Spiegel« auf den Frühstückstisch

und sagte: »Daß du diesen Regisseur nicht kennst, ist schon komisch.«
Weshalb sollte ich die dritte Garde aus dem Westen kennen, wenn ihn nicht die erste aus dem Osten interessierte?
»Du meldest dich, wenn du in der Stadt bist?« Er sagte es so, als hätte er gerade mit einem Schulfreund einen Döner verdrückt.
Kaum war ich zu Hause angekommen, klingelte mein Telefon. »Wollte nur mal hören, wie du durch den Stau gekommen bist. ... Ach, übrigens bin ich nächste Woche beruflich in Berlin.«
Von da an war er öfters »zufällig« in der Nähe, natürlich beruflich. Wir redeten über alles – nur nicht über uns. »Es ist so wunderschön, weil wir nichts voneinander erwarten«, sagte Martin immer.
Es dämmert. Ein verrückter Fahrer mit Hamburger Kennzeichen reißt mich aus meinen Gedanken. Mit Tempo Zweihundert überholt er und schert vor mir ein. Ich trete auf die Bremse und kann gerade noch verhindern, daß ich gegen die Leitplanke rase. Ich denke an das erste Morgengrauen mit Alexander. Es war in irgendeinem Park in Ostberlin gewesen, als wir beide noch bei unseren Eltern wohnten und die Grenzpatrouille an der Spree Streife lief. Die Mauer hatte uns bedroht und beschützt. Als sie gefallen war, sprach Alexander immer öfter davon, wer wie durch welche Intrige auszuschalten sei. Die Mauer entstand zwischen uns neu.
Martin ist mit inneren Barrieren aufgewachsen: Wenn man nichts preisgibt, kann man auch nicht verletzt werden. Um zu überleben, hat er sich selbst eingemauert. Martin: das Dornröschen und ich: der Prinz? Warum läßt er sich nicht von mir wachküssen?
Er erzählte beim Essen, beiläufig zwischen Sternchensuppe und Gemüseauflauf: »Ich werde Vater.«
Ich kippte fast vom Stuhl. Ich wollte schreien, schob statt dessen den nächsten Löffel Suppe in den Mund.
Er beobachtete mich: »Aber es nicht so, wie du glaubst.«
Ich dachte: Wahrscheinlich haben sie eine neue Form der

Windbestäubung ausprobiert – ökologischer Geschlechtsverkehr mit Biodüse.
»Ich werde Vater – zusammen mit drei Freunden.« Natürlich, das Familienmodell der Zukunft. Eine Frau, ein Liebhaber und drei Väter. In diesem Fall hatte sich der Erzeuger verdrückt, und Martin teilte sich mit drei Freunden die Vaterschaft. Ich lachte bitter.
»Naja, das Verliebtsein hat mich noch nie umgehauen. Ich lebe schon immer alleine. Bin eben der ideale Liebhaber.«
Waren wir gemeinsam bei Freunden, spielte er weiterhin den überzeugten Single. (Keine Ahnung, warum wir so häufig zusammen sind.) Wobei er selbstverständlich nicht ausschließen könnte, sich doch noch zu verlieben. (Klar: Spontanität liegt im Trend.) Dann würde er sich sogar nach Kindern sehnen.
Und ich? Soll ich mit ihm zusammen die Heiratsannoncen in seiner Stadtillustrierten wälzen?
Es hat angefangen zu schneien, und die klapprigen Scheibenwischer geben sich Mühe, die dicken Schneeflocken beiseite zu schieben. Langsam steigt Wut in mir hoch: Warum schrubbe ich jedes zweite Wochenende sechshundert Kilometer in meinem alten Golf – nur um einen Mann zu sehen, der von sich behauptet, nicht in mich verliebt zu sein? Warum verbringe ich die Freitagabende im Autobahnstau? Bin ich denn verrückt geworden, diesen Typen zu lieben?
Manchmal bewundere ich Martin. Er kann Wichtiges von Belanglosem unterscheiden. Früher hätte ich mich über die Abschleppgebühren meines falsch geparkten Autos drei Nächte lang gegrämt. Heute fluche ich einmal kräftig und freue mich, daß es nicht geklaut wurde. Durch Martin habe ich gelernt, den Augenblick zu genießen. Geht es mir schlecht, schafft er es, mich aufzubauen – selbst übers Telefon, wenn tausend Kilometer zwischen uns sind.
Ich mag seine Freunde, von denen er viele Jahrzehnte kennt. Es gefällt mir, wie er sich um das Baby kümmert. Zwar ist er nur Vater, wenn er Zeit und Lust hat, aber er wäscht auch mal Windeln. Wohldosierte Verantwortung, solange sie sein Leben nicht

durcheinander bringt. Was mich an ihm anzieht, stößt mich gleichzeitig ab.
Wie leichtfertig bin ich doch zu DDR Zeiten mit Heiratsanträgen umgegangen. Als ich in meinem Heimatort zur Dorfschönsten gekürt wurde, hatte ich gleich ein Dutzend bekommen. Und wenigstens die Hälfte waren ernstgemeint. Hochnäsig hatte ich alle abgeschmettert. Meine Mitschülerinnen waren weniger rigoros gewesen und mit Anfang zwanzig verheiratet.
Als ich Alexander traf, schien auch mein Single-Dasein vorüber. Wir hatten das Studium beendet, gemeinsame Träume und wollten nie mehr ohne einander leben.
1989 ist meine Lebensphilosophie gekippt: Erst kam die Wende und dann Martin. Ich fühlte mich zerrissen. Mein Verstand forderte Alexander – mein Bauch Martin.
Eine befreundete Psychologin gab mir einen Rat: Emotionslos sollte ich beider Vor- und Nachteile auf einem Blatt Papier abwägen. Mein Verstand jubelte, mein Bauch rebellierte.
Vieles sprach für Alexander: einander ohne Worte verstehen, der Wunsch, gemeinsam alt zu werden, emotionale Sicherheit und ...
Zehn Punkte bekam Alexander insgesamt.
Gähnende Leere hingegen auf Martins Seite. Langsam schrieb ich quer über das Blatt: AHNUNG.
Ist es die Gelassenheit, die er ausstrahlt? Ist es seine Eigensinnigkeit, die Konsequenz, mit der er alles tut? Oder ist es schlicht der Reiz des Unbekannten, das Exotische einer ungewohnten Lebensphilosophie?
Ich schrieb Martin einen Brief. Nie mehr wollte ich mit ihm zusammen sein. Er akzeptierte. Ich riß seine Adresse aus meinem Telefonbuch.
Drei Wochen vergingen, bis ich mich nochmal trennte. Allerdings von Alexander. Nie werde ich seine letzten Worte vergessen: ob ich jetzt mit dem Wessi zusammen sei. Geringschätzung, Rechtfertigung und Angst lagen in der Frage.

Ich warf mich aufs Bett und heulte ein ganzes Wochenende.
Kurz darauf rief ich Martin an. Er freute sich und lud mich ein. Diesmal war ein Meeresfrüchtefondue im Herd. Ich mußte den Ekel unterdrücken: Shrimps mit Krebsfleisch und einem viel zu trockenen Wein. Er genoß, während ich jeden Bissen hinunterwürgte.
Nach dem Essen inszenierte er den Abend – Kerzenschein, leise Musik.
Er begann zu erzählen. Und für einen Moment dachte ich, daß ich mich in ihm getäuscht haben könnte. Er schilderte seine »letzte große Persönlichkeitskrise«. Natürlich lag die schon Jahre zurück. Ich hörte die Routine, er hatte das mehr als ein dutzend Mal mit seinem Therapeuten durchgekaut. Er erzählte, als hätte diese Geschichte letzte Woche im »manager magazin« auf der Gesundheitsseite gestanden.
Ich begann, mich zu fügen: ließ meine Zahnbürste weit entfernt von seiner am Waschbeckenrand liegen. Seine und meine im selben Becher – löste das nicht Bindungsängste bei ihm aus? War sein Rasierer neben meinem Lady-Shaver nicht schon ein Heiratsantrag? Ich hatte nun eine »Beziehung« und Angst, zu sagen: »Ich liebe Dich.« Zu besetzt, zu ausgelutscht.
Intelligente Menschen verkneifen sich das und Invidualisten allemal. Abhängigkeit wird zum Makel. Dabei war ich früher selbstbewußt genug, sie einzugestehen.
Eines Abends fragte ich ihn, ob er mich auf eine einsame Insel in die Verbannung mitnehmen würde. Er lachte und sagte ja. Am nächsten Morgen steckte er meine Zahnbürste zu seiner in den Becher.
Es hat aufgehört zu schneien. In wenigen Minuten werde ich in Hamburg sein. Zum hundertsten Mal nehme ich mir vor: Heute sag ich's ihm.
Hornbek, Witzhave, Reinbek – die nächste Abfahrt muß ich raus. Nicht mal über die ulkigen Ortsnamen kann ich mich heute freuen. Noch zwei Ampelkreuzungen, und ich bin da. Mit weichen Knien steige ich die Treppen zu seiner Wohnung

hoch. Noch im Hausflur umarmen wir uns. Vielleicht etwas länger als sonst.

Ich werde es ihm heute abend sagen. »Feigling, Feigling«, rumort mein Unterbewußtsein.

»Martin – ich habe mich in dich verliebt.«

So, nun ist es raus.

Er guckt ungläubig. Ist es vielleicht nur ein Zitat aus einem Teenie-Film, über den wir uns letztens unterhielten?

»Ja, ich liebe dich.«

Er wird rot. Sein Blick wandert nervös über den Rand der schwarzen Designerbrille.

Er versucht, die Situation zu retten: »Geht es dir gut?«

»Ja«, sage ich, stehe auf und lege meinen Kopf in seinen Schoß.

Renate Wullstein

Schon bevor ich ihn kennenlernte, verbrachte ich viel Zeit im Café. Meistens beanspruchte ich einen Tisch für mich allein und achtete darauf, den Betrieb um mich herum auf Abstand zu halten. Also Rücken an die Wand, Füße an die Front.

Eines Tages bemerkte ich einen Mann, den ich noch nie gesehen hatte. Er saß auf einem Barhocker, las eine Tageszeitung und warf mir einen kurzen Blick zu. Unsere Blicke begegneten sich. Ich schaute sofort wieder in mein Notizbuch und wagte nicht mehr, ihn anzusehen.

Ich war verunsichert und erstaunt über meine Reaktion auf einen anscheinend gewöhnlichen, älteren Mann. Die Luft brannte. Ich wünschte mich unsichtbar. Als der Mann die Kellnerin rief, zog er ein dickes Bündel Geldscheine aus der Hosentasche. Er hielt es in der Hand und betrachtete es kurz und selbstvergessen. Dann zog er einen Hundertmarkschein heraus. Er hatte eine Rechnung von sieben Mark fünfzig. Das Bündel, das er mit seiner Hand kaum umschließen konnte, war einmal zusammengefaltet. Die Hunderter in der Mitte waren eingerahmt von Zweihundertern, die wiederum von Fünfhundertern. Ein furchtbarer Anblick für arme Leute. Ich wendete meinen Blick ab, als hätte der Mann gerade die Hosen runtergelassen, und schaute desinteressiert in der Gegend herum.

»Karl«, sagte die Kellnerin, »kannst du die Nummer mal lassen?«

»Welche Nummer?« fragte er, ohne aufzusehen. Er steckte das Bündel in seine Zimmermannshose zurück. »Die Nummer mit dem Geld«, sagte die Kellnerin. »Du mußt hier nicht jeden Tag mit deinem Geld angeben.«

»Wie bitte?« sagte er laut und wandte sein Gesicht der Kellnerin zu. »Ich gebe an?«

»Ja«, erwiderte sie, »und es geht mir langsam auf die Nerven.«
»Hör mal«, tönte der Mann, »Geld ist einfach nur bedruckte Scheiße.«
»Jaja«, sagte die Kellnerin, gab ihm das Wechselgeld in die Hand und wandte sich zum Gehen. Der Mann stopfte sich das Geld in die Brusttasche seines Hemdes. Ein wunderschönes graues Hemd aus feinem Kord. Dazu seine gebräunte Haut.
Ich war froh, als er weg war. Zwei Tage später sprach er mich an. Er war offensichtlich betrunken, und ich erkannte ihn nicht sofort. Ich wollte ihn abweisen. »Hör mal«, sagte er laut, »neunzehnhundertzweiundfünfzig war ich das erste Mal in eurer Republik. Neunzehnhundertzweiundfünfzig!«
»Das interessiert mich nicht«, unterbrach ich ihn. Er war an meinen Tisch gekommen, hatte sein Wodkaglas abgestellt, einen Stuhl vom Nebentisch herangezogen und sich zu mir gesetzt. Jetzt nahm er das Glas und trank es mit einem Zug aus. Er konzentrierte sich.
»Hör mal«, begann er wieder, »ich war Kommunist, ich war in der DKP.«
Ich sah ihm in die Augen. »Wie bitte?« sagte ich.
»Ja«. Er tippte sich mit dem Finger aufs Brustbein. »Ich war Kommunist.«
Ich verzog keine Miene und sah ihn noch immer an. Plötzlich mußte ich lachen. Als ich mich zurücklehnte, wußte er, daß er es geschafft hatte.
»Trinkst du einen Wodka mit mir?« fragte er.
»Ja«, sagte ich.
»Ich bin ein Tier », sagte er.
»Ja, okay.«
»Hör mal«, redete er weiter, »für eine Zweierbeziehung eigne ich mich nicht mehr.«
»Interessant«, erwiderte ich.
»Hör bitte auf, dich zu schminken, das ist ja entsetzlich«, sagte er. »Wenn du aufhörst, Wodka zu trinken«, entgegnete ich. Und daraufhin trafen wir unsere erste und einzige Vereinbarung.

Kein Schminke, kein Wodka. Dann folgte ein längerer Vortrag über sein Schicksal, über den Osten und den Westen. Am Ende sagte er: »Morgen gebe ich ein Essen in der Villa. Morgen abend um acht Uhr. Du bist eingeladen.« Er erklärte mir, daß die Potsdamer alle sehr ängstlich seien und sich nicht trauen würden, ihn zu besuchen. »Wovor haben die Angst?« fragte er mich. »Erklär mir das mal.« »Ich werde kommen«, sagte ich.

»Wirklich?«

»Wirklich.«

»Du flippst aus, wenn du das siehst«, sagte Karl.

»Was, das Essen oder die Villa?«

»Das Essen und die Villa.«

Am nächsten Tag lief ich geradewegs zu meiner Freundin Olga. Ich war nervös, aufgekratzt und euphorisch.

»Stell dir vor«, berichtete ich, »ich hab einen völlig verrückten Typen kennengelernt, einen Bauunternehmer aus dem Westen.«

Olga hatte bereits von ihm gehört. Er kursierte in der Stadt als reicher Wessi, der Potsdamer Künstler kennenlernen wollte und alle, die ihm in die Quere kamen, für diesen Abend in die Villa zum Essen eingeladen hatte. Pünktlich acht Uhr, ohne Schminke und Parfüm.

»Ach.« Ich blickte meine Freundin einen Moment ratlos an. Mir hatte er gesagt, die Ossis würden alle nicht kommen, weil sie Angst vor ihm hätten. Ich wollte auf jeden Fall hingehen.

»Der Mann ist irgendwie völlig bekloppt«, vertraute ich Olga an, »aber eines hat mich stutzig gemacht.« Ich legte eine Kunstpause ein und sah sie bedeutungsvoll an. »Du weißt doch, daß ich später mal am Atlantik leben werde.« Olga nickte. »Und nun erzählt mir der Kerl, daß er ein Haus am Atlantik besitzt, und es ist haargenau die Gegend, die ich seit zwei Jahren besuche. Ist das nicht merkwürdig?«

»Ein Zeichen«, sagte Olga.

»Genau«, sagte ich, »ich muß also hingehen, um herauszubekommen, was das zu bedeuten hat.«

»Du brauchst dich nicht zu entschuldigen«, sagte Olga.
Pünktlich acht Uhr abends stand ich in der Jugendstilvilla auf einem wunderschönen Parkett, unterm Arm ein Gastgeschenk. Wenigstens war ich die Erste. Ich vermutete, daß andere folgen würden, nur ja nicht pünktlich, sich aber Wein und Essen nicht entgehen ließen. Die untere Etage war mit Büroräumen ausgestattet. Karl Roth saß auf einem Schreibtisch und unterhielt sich mit einem anderen Mann, der auf einem anderen Schreibtisch saß. Beiläufig wurde ich begrüßt. Mein Gastgeschenk erzielte nicht die Wirkung, die ich erhofft hatte. Es war ein Band mit Erzählungen, von mir persönlich geschrieben. Karl zündete sich eine Zigarette an und bedeutete mir, das Buch auf den Schreibtisch zu legen. Von einem Essen keine Spur. Ich setzte mich tapfer in einen Bürostuhl und dachte darüber nach, wie dumm und blöd ich wieder war. Aber das Haus in Frankreich und mein Wille, hinter die Geheimnisse von Zufällen zu kommen, ließen mich an Ort und Stelle verharren. Essen oder nicht. Ich wollte bleiben. Einige Stunden später hatte sich eine Runde Potsdamer eingefunden. Alle saßen in der Küche auf Stühlen. Einen Tisch gab es nicht. Sie hielten Bier oder Wein in der Hand und wirkten angespannt. Ich dagegen gab mir die allergrößte Mühe, diese Veranstaltung als völlig normal zu betrachten. Ich hatte die Rolle der Gastgeberin übernommen, Weinflaschen entkorkt und Gläser besorgt. Essen gab es nicht. Karl gab seiner Brigade im Fernsehraum Instruktionen für die nächste Woche. Die Potsdamer bemühten sich um Unterhaltung, und jeder von uns wußte: Wir sind hier im falschen Film.
Kurz nach Mitternacht tauchte Karl wieder in der Küche auf. Er war betrunken, erzählte irgendwelche Geschichten und entschloß sich plötzlich, einen riesengroßen Zander, in Alufolie verpackt, in die Backröhre zu versenken.
Konkurrenz hatte ich nicht zu befürchten. Die anderen Frauen blickten Karl ablehnend, naserümpfend und skeptisch an. Oder sie verweigerten überhaupt die Wahrnehmung des Gastgebers. Am nächsten Morgen fand ich mich in seinem Bett. Nachdem

er nebenbei erwähnt hatte, daß ich hier übernachten könne, war ich irgendwann einfach schlafen gegangen. Mitten in der Nacht kurz aufgewacht, als er sich zu mir legte, wieder eingeschlafen und am Morgen aufgewacht, als er mich berührte. Wir hatten miteinander geschlafen. Es war, wie ich inzwischen wußte, das ehemalige Gästehaus von Margot Honecker. Oder eines ihrer Gästehäuser. Die Zimmer trugen die Namen »Sanssouci«, »Brandenburg« und »Cecilienhof« noch aus dieser Zeit, waren aber neu eingerichtet nach westlichem Standard. Sehr helle Farben, ein großer weißer Schreibtisch, weiße Vorhänge, neutrales Klima.

Es war Sonntag. Karl wollte aufstehen und unten in der Küche ein Frühstück bereiten. Er kramte im Wäscheschrank. »Hier«, sagte er und warf mir eine seiner frischen weißen Unterhosen zu. »Zieh die an.«

Ich betrachtete das Stück, das vor mir auf der Decke lag. Noch nie hatte mir ein Mann seine Unterhosen angeboten. Aber die Art, wie er mit mir umging, ließ keine Diskussion und keinen Widerspruch zu. Immerhin zog ich die Unterhose nicht sofort an. Ich wollte auch noch gar nicht aufstehen. Ich blieb im Bett, während er zwei Etagen tiefer in der Küche wirtschaftete. Dann brüllte er wie ein liebeskrankes Tier nach mir, und ich saß mit aufgerissenen Augen senkrecht im Bett und war glücklich.

Wir frühstückten, und danach gingen wir wieder ins Bett. Karl stopfte sich alle Kissen in den Rücken, setzte die Brille auf und las Zeitung. »Das mache ich jeden Sonntag«, verkündete er, »und Lydia konnte das nicht leiden.« Karl drehte mir sein Gesicht zu und sah mich über den Rand seiner Brille an. Welche Botschaft sich dahinter verbarg, blieb unklar, denn er berichtete mit leuchtenden Augen, daß Lydia eines Tages ein Feuerzeug unter die Zeitung gehalten hatte. Er lachte schallend. »Stell dir das mal vor«, sagte er. Ich konnte meine Bewunderung für Lydia nicht verhehlen, aber jetzt war ich seine Partnerin. Ich zerrte ein Kissen hinter seinem Rücken hervor und nahm auch eine Zeitung. Bevor ich zu lesen anfing, betrachtete ich meinen

Fremden aufmerksam und voller Zuneigung. Seine Augen waren schwarz und blitzten, wenn er mich ansah.
»Ich möchte telefonieren«, sagte ich. Er nickte. »Hol das Telefon hoch, dann kann ich auch gleich ein paar Anrufe machen. Du weißt, wo es steht?«
»Ja. Auf deinem Schreibtisch vermutlich.«
»Zieh dir was an«, sagte er.
Ich nahm seinen Pullover von der Stuhllehne. Alle seine Sachen zeigten einen ausgesuchten Geschmack. Der Pullover war taubenblau und hatte eine Kapuze. Ich lief barfuß die Treppen hinunter. Die hohen Glastüren standen weit offen. Auf seinem Schreibtisch fand ich das Telefon sofort, wunderte mich aber, daß es plötzlich an einer Schnur befestigt war. Gestern hatte es drahtlos auf einem Tisch im Fernsehraum gelegen. Wieso hatte es jetzt eine Schnur? Ich untersuchte die Angelegenheit gründlich. Ich nahm den Apparat hoch und sah, daß die Schnur eingestöpselt war. Ich ruckte kräftig am Kabel, bis es sich löste, dann trug ich den Apparat nach oben.
Karl blickte auf und sah das schwarze Telefon. »Was ist das denn?« fragte er verwundert. »Das darf doch nicht wahr sein«, schrie er plötzlich übermäßig laut und sprang aus dem Bett. »Was hast du denn gemacht?« Zu Tode erschrocken, blickte ich auf das schwarze Ding. Aber Karl beruhigte sich wieder, schüttelte den Kopf und kroch zurück unter die Bettdecke. »Du bist erstmal bescheuert«, sagte er. Ich wußte nicht, was er meinte, spürte aber, daß etwas ganz und gar falsch war. »Hier«, sagte er und gab mir den Hörer, auf dessen Innenseite sich die Tastatur befand. Ich blickte ihn an, atmete tief durch und sagte: »Ach ja, so war das.« »Ja, so war das.«
»Das ist alles neu für mich«, erklärte ich, »diese tausend Telefonsorten.« Karl schüttelte den Kopf: »Montiert den ganzen Apparat ab, nur um zu telefonieren.« Mein Humor war zurückgekehrt. Plötzlich fing ich an, laut zu lachen. »Wahnsinn«, sagte ich, »wer weiß, was mir noch alles bevorsteht. Der Westen kann nur ein Geschenk Gottes sein.«

Ich rief meinen Sohn und den Vater meines Sohnes an. »Tasten drücken kann sie aber«, bemerkte Karl. Ich teilte den Männern am Telefon mit, daß ich im Laufe des Tages bei ihnen eintreffen würde. »Die sollen hierher kommen und mit uns essen«, quatschte Karl dazwischen. »Ihr sollt hierher kommen und mit uns essen«, übermittelte ich. Nach einigem Hin und Her und Bedenken willigten sie ein. Dann telefonierte Karl eine Runde geschäftlich. Ich legte mir inzwischen eine Rede zurecht, um dem Mann aus dem Westen zu erklären, welchen technologischen Standard die DDR hatte, bevor er und die anderen gekommen waren. Aber solche Dinge interessierten Karl nicht.

Am nächsten Wochenende war ich wieder in der Villa. Karl war Bauunternehmer. Er bewegte hier etwas. Deshalb war er extra hergekommen. Sein Freund P. R., ebenfalls aus Düsseldorf, der bereits seit zwei Jahren das Neuland sondierte, hatte ihn angerufen. Und Karl machte wiederholt klar, daß sie nicht zu der Sorte gehörten, die Leute aus ihren Wohnungen warfen. Sie bauten neu, draußen im Umland, Einfamilienhäuser. »Das ist schon in Ordnung«, versuchte ich, Karl zu beruhigen.

Das Bier war alle, Zigaretten auch. Karl rief ein Taxi. Der Fahrer sollte die Sachen kaufen und in die Villa bringen. Es gab eine längere Diskussion am Telefon. »Wie, das geht nicht?« fragte Karl in den Hörer. »Dann soll er eben herkommen und sich das Geld vorher holen. Hört mal, Leute, macht doch nicht solche Umstände.« Nach dem Telefonat sah er mich an und schüttelte den Kopf. »Wo bin ich denn hier.« Ich grinste ihn an. Als das Taxi kam, hatte Karl bereits beschlossen, daß wir in die Stadt fahren wollten. Wir gingen auf die Straße. Karl öffnete die Beifahrertür und begrüßte den Mann. »Guten Abend«, sagte er fröhlich, »ich heiße Karl.« »Macht nichts«, erwiderte der Taxifahrer.

Und während Karl das Bier ins Haus brachte, stieg ich ins Auto und nannte das Fahrtziel.

In der Stadt angekommen, zog Karl wieder dieses dicke Geldbündel aus der Hosentasche. Der Fahrer blickte gelassen auf den ganzen Reichtum. Karl zahlte fünfunddreißig Mark mit einem Fünfhunderter. Klar. Und ich hatte nicht das erste Mal zu kämpfen mit dem absurden Gefühl, den Mann zu lieben und gleichzeitig peinlich davon berührt zu sein, daß ich ihn liebte. Als wir in die Kneipe einzogen, versuchte ich, ihn zur Rede zu stellen. »Verstehst du das eigentlich nicht?« fragte ich. »Verstehst du nicht, wie ätzend das ist, was du hier immer abziehst?« »Nein«, sagte Karl, »das verstehe ich nicht.« Verstand er es wirklich nicht? Log er absichtlich? War er krank? War es überhaupt sein Geld?

Ein Freund hatte am Vormittag versucht, mich zu warnen. »Die Männer aus dem Westen«, hatte er gesagt, »die interessiert nur Geld und Erfolg, die interessiert nichts anderes.«

»Ich hab so ein Gefühl«, sagte ich, »ich glaube, ich werde ihn zwanzig Jahre lieben.«

Mein Ostfreund sah mich entsetzt an: Jetzt ist sie völlig durchgeknallt.

Etwa drei Monate später war Karl verschwunden. Inzwischen war ich einige Male seinem Bett ferngeblieben. Ohne Erklärung. Insgeheim hatte ich gehofft, daß er mich suchen würde. In meinem Café oder in meiner Stammkneipe. Aber er kam nicht. Ich mußte mich kümmern. Die Nachricht, die ich zwei Tage vorher auf seinem Kopfkissen hinterlassen hatte, lag noch immer auf derselben Stelle. Er hatte also nicht hier geschlafen. Wo sonst? Eine andere Frau kam nicht in Betracht. Schlagartig wurde mir klar, daß etwas passiert sein mußte. Er hatte viel Alkohol getrunken. Er wollte damit aufhören und war krank geworden. Ich hatte ihn alleingelassen, und nun war etwas passiert. Vielleicht war er tot.

Karl war ein Einzelgänger, ein einsamer Wolf. Die einzige Chance, etwas zu erfahren, war sein Freund und Geschäftspartner P. R. Die beiden kannten sich seit mehr als zwanzig Jahren. P. R. war unten im Büro bei einer Besprechung. Und obwohl ich wußte, daß Privates in einem Westbüro nichts zu suchen hatte, platzte ich hinein. »Wo ist Karl?«

P. R. bat mich um Geduld, ein bis zwei Stunden, ob ich soviel Zeit hätte.
Ja.
Als er in unser Zimmer kam, stand ich am Fenster.
»Was ist passiert?« fragte ich.
»Setz dich lieber.«
»Ist er tot?«
P. R. lächelte. »Nein.«
»Dann muß ich nicht sitzen.«
»Aber er sitzt«, sagte P. R.
»Wie, er sitzt?«
»Im Knast.«
»Nein.«
Gerade hatte ich mich durchgerungen, nicht mehr souverän, unabhängig und erfolgreich zu sein. Gerade gefiel mir die Idee, von einem Mann versorgt zu werden, nach all den schweren Jahren. Gerade war ich bereit, die traditionelle Frauenrolle anzunehmen. Es machte mich zwar klein und bedeutungslos, es war unerträglich, wenn Karl mir ein paar Scheine zusteckte, aber für eine gewisse Zeit ließ es sich ertragen. Ich hatte mich in seinem Haus am Atlantik gesehen, bißchen was schreiben; Kind und Hund am Strand; Schecks einlösen, mit Karl telefonieren, endlich Autofahren lernen. Jetzt saß der Typ im Knast und war womöglich gar kein Kommunist, sondern ein Betrüger, ein Krimineller, ein Schuft – und konnte mich nicht mehr versorgen.
»Was hat er gemacht?« fragte ich.
P. R. zuckte mit den Schultern. Die Polizei war hiergewesen. Karl konnte nur schnell ein paar Sachen packen, und weg waren sie. Ich blickte P. R. fassungslos an. Zwanzig Jahre kannten sie sich, und er wußte nicht, was mit seinem Freund los war?
»Irgendwas mit Unterhalt«, sagte P. R.
»Ach so.« Fast war ich enttäuscht. »Deswegen kommt einer in' Knast?«
»Es handelt sich um dreißigtausend Mark«, sagte P. R., »das ist kein Geld.« Inzwischen war er bei der Haftrichterin gewesen

und hatte eine Kaution angeboten. Abgelehnt. Auch Karl hatte sofort Geld auf den Tisch legen wollen. Wie das abgelaufen war, konnte ich mir lebhaft vorstellen. Abgelehnt.
Heute war Sonnabend, am Montag sollte Karl nach Düsseldorf überführt werden. Mir blieb nur der Montagmorgen, um Karl besuchen zu können und zu verhindern, daß er in den Westen abgeschoben wurde. Ich hatte keine Ahnung, was ich tun konnte, wie man Anwälte einschaltete und diese Dinge. Das mußte P. R. machen. Mir war instinktiv klar, daß die Richterin aus dem Osten kam und ihr die Art, wie Karl und sein Partner mit Geld umgingen, mißfallen haben mußte.
Am Montag besuchte ich ihn in der Haftanstalt. Er ging davon aus, daß er in den nächsten Stunden entlassen werden würde. Es fehlte nur noch der richtige Anwalt. Ich vertraute P. R. Aber Karl wurde abtransportiert wie ein Schwerverbrecher und verbrachte sieben Wochen in Haft. Ich konnte nicht glauben, daß es wirklich geschah.
Als er zurückkam, war er ein anderer. Er erwähnte nicht, daß er von mir Fürsorge erwartet hatte, Päckchen, Briefe, Besuche. Aber ich spürte deutlich, daß ich versagt hatte. Das wäre meine Rolle gewesen. Statt dessen hatte ich ihn abgeschrieben, aufgegeben, vergessen. Karl war gebrochen. Er war gefährlich ruhig. Wir saßen in unserer Stammkneipe. Und Karl sagte, daß er zu niemandem mehr Vertrauen habe, daß er keine Beziehung wolle, daß seine Söhne ihn enttäuscht hätten.
Kleinlaut unterbrach ich ihn. »Stop mal«, sagte ich, »wie war das? Keine Beziehung mehr? Meinst du damit mich?«
Karl nickte kurz. »Ich kann nicht mehr«, sagte er, »verstehst du, ich kann nicht mehr und will nicht mehr. Ich bin hierher gekommen, um Häuser zu bauen. Laß mich einfach nur in Ruhe.« Ein Einheimischer gesellte sich zu uns. Er lauschte und grinste. Karl wandte sich ihm zu, während mir die Tränen liefen.
»Laß mich bitte in Ruhe«, sagte Karl noch einmal.
»Laß ihn in Ruhe«, sagte später auch P. R.

WESTMANN LIEBT ÖSTLICH

Michael Lösel

1

November. Fahrt von Nürnberg zu den Chansontagen in Frankfurt an der Oder. Gesprächsthema: Frauen. Wie sollte es auch anders sein, wenn zwei Männer fünf, sechs Stunden lang in einem Auto zusammengesperrt sind? Horst plauderte aus seinem Erfahrungsschatz: Ostfrauen seien sexuell nicht so verklemmt.
Unmittelbar nach der Ankunft gleich auf die Bühne. Horst am Baß, er an der Gitarre. Mit einem Lied von einer durchzechten Nacht. Am Nachmittag! Die Stimmung war entsprechend mies. Daran änderte auch die Verdunklung nichts. Kein Publikum, nur Kritiker, und die Nummer schlecht improvisiert. Warum hatten sie diese Einladung angenommen!
Ein Gefühl der Leere im Bauch, das sich aber auch als Hunger interpretieren ließ. Erlebnishunger. Wenigstens Essen gehen. Aber außer Geplänkel mit der Kellnerin nur sprachlose Langeweile. Ein freies Wochenende, fern von Frau und Kind. Was war noch übrig von der Sehnsucht nach Abenteuer?
Am nächsten Abend, dem Galaabend, weinseliges Lästern über die peinlichen Darbietungen. Ein Tisch aber war belebt. Eine Frau saß in der Runde. Ihm war, als hätte sie gewunken. Im allgemeinen Durcheinander saß er plötzlich neben ihr. Unwesentlich, wie das Gespräch begann. Sie redeten miteinander.
Sie: offen, direkt, initiativ – eine Journalistin aus dem Osten. Sie hatte ihn gestern auf der Bühne beobachtet. Sie sprachen über Allgemeinheiten, über die Folgen der Wende, und darüber, daß selbstverständlich hüben wie drüben Ehrgeizige, Erfolgreiche und Durchhänger vorhanden seien, unabhängig vom System. Das heißt, eigentlich sprach er davon, und sie stimmte zu. Er bekam den Eindruck, als wäre sie das lebendige Beispiel für Er-

folg an der Eastside. Sie erzählt ihm von ihrem Sohn, daß sie seit sechs Jahren allein mit ihrem Sohn lebt. Er hat auch einen Sohn, fast gleichen Alters. Und wovon erzählt er? Kümmerte er sich?

Es kam zu keiner gemeinsamen Nacht, wenngleich sie sich erst um drei Uhr morgens verabschiedeten. Er wußte noch, daß er ihr zum Abschied eine LP signierte. Er konnte sich aber nicht mehr erinnern, wie er sich von ihr verabschiedete. Gab er ihr einen Kuß oder einen Händedruck, hatten sie sich umarmt, oder überreichte er ihr nur die Schallplatte?

2

April. Sein erster Brief. »... und da ich Tag und Nacht am PC sitze, tipp' ich Dir diesen Brief auch über diese Maschine. Dabei spüre ich, daß es wesentlich schwieriger ist, schriftlich eine persönliche Note rüberzubringen, als von Deinem Arbeitsplatz beim Radio. Denn ich muß sagen, daß mich Deine Stimme über die nicht unerhebliche Distanz von Berlin nach Nürnberg wirklich berührt hat. Kompliment! – Das liegt aber nicht nur an dem vitaleren Medium und meinem ruhelosen Tramper-Herzen ... Sag mir, welche Infos Du zu unserer Musik brauchst, sag mir, wann, warum und wohin – nur bitte sag bald was, ich will weg von hier. Mir geht's darum: fort, woanders hin, hinaus – koste es, was Du willst ... Ich würde Dir gern live erzählen.

Hoffentlich klappt es irgendwann mit einem Auftritt in Berlin. Diese Angelegenheit liegt als dicke Sehnsucht in meinem Herzen. In Erwartung einer Antwort freue ich mich jetzt schon wie ein Schneekönig.«

Er schrieb verschlüsselt. Aber es sollte eine telefonische Antwort folgen, die den Text für sich zu interpretieren wußte. Treffend – so wie er gemeint war. So zumindest vermutete er. Es schien, als kenne sie die Regeln des Spiels und sei bereit mitzuspielen. Ernst, wie es sich für ein echtes Spiel gehört. Diese Fähigkeit zum Interpretieren wurzelte wohl in ihrer Gewohn-

heit, zwischen den Zeilen zu lesen. Aber es steckte auch eine Liebe zur Sprache dahinter.
Er war zunächst nur von der Stimme berührt. Ihre Stimme am Telefon. Warm und deutlich, dunkel und klar.

3

Im August kam sie in seine Heimatstadt Nürnberg. Sie hatte dort beruflich zu tun. Für drei Tage war die Stadt von Musikern und Gauklern aller Art bevölkert. Für die Zeit, die Tage ihrer Anwesenheit, hatte er sich losgesagt von der Familie, um das Festival in vollen Zügen genießen zu können. Am besten mit ihr.
Als er sie erblickte, wie sie sich zur verabredeten Zeit durch eine Zuschauermenge schlängelte, erkannte er sie zunächst kaum. Überraschte ihn nur ihre elegante Erscheinung? Braungebrannt und ausgeruht. Ihre Ausstrahlung brachte ihn durcheinander. Er war benommen. Ihr rasantes Autofahren, ihre Lebenslust und ihr selbstbewußtes Auftreten, all dies erinnnerte ihn an eine Yuppie, nicht aber an eine Frau aus dem Osten. Er kam sich vor wie der Pförtner bei BMW.
Während des Essens war er froh, daß sie sprach. Er stotterte nur von Veränderung, von der Idee, etwas ganz anderes zu machen, jedenfalls nicht bis zum Lebensende den gleichen Job, welcher es auch sei. Für den Abend verabredeten sie sich zu einem Konzert. »Wir müssen uns unbedingt sehen.« Soviel zumindest hatte er, verschüchtert und verunsichert, noch herausgebracht. Die Unsicherheit hielt an. Denn während er erwartungsvoll auf und ab lief, hatte er sich innerlich von ihr verabschiedet. Was hätte sie von einem verheirateten Mann zu erwarten, der sich mal für ein Wochenende von der Alltäglichkeit seiner Arbeit und seiner Familie befreite? Und er selbst? Scheute er selbst nicht zurück, den entscheidenden Schritt einer Trennnung vom Bisherigen zu tun? Genügten ihm nicht diese Wochenendausflüge? Wenn sie jetzt nicht käme, könnte er sich zumindest noch ein Bild bewahren und mit Möglichkeiten spielen.

Hier in Nürnberg hatte er Familie, Eigentumswohnung, einen guten Job. Sollte er all das aufs Spiel setzen? Mit dem Gefühl, daß er es war, der freiwillig von einer Chance zur Veränderung zurücktrat, würde er leben können.

Sie kam doch noch. Sie erzählte, daß sie gerade eine Liason beendet hätte, was sie zwar bedauere, aber so sei es eben mit gewissen Männern. Damit fand er seine Gedanken bestätigt und stellte sich auf ein kurzes Wochenende ein. Denn als Tröster oder Ersatz würde er sich wirklich nicht hergeben. Dennoch gab er ihr während des Konzerts – sie war von ausgelassener Fröhlichkeit – einen Kuß auf die Nase.

Nach dem Konzert schlenderten sie in eine Weinwirtschaft. Sie unterhielten sich, als hätten sie sich nach vielen Jahren wiedergetroffen. Sie berichteten einander ihre Erlebnisse, sprachen über Wünsche.

Der erste Kuß.

Eine Entscheidung mußte fallen, und er wollte entscheiden.

Eine Woche später machte er den Schritt in die Veränderung und verließ sein Zuhause und seine Familie. Sie hatte nie geglaubt, daß Männer zu solchen Entscheidungen fähig seien und schickte eine Postkarte:

»Männer und Frauen passen nicht zusammen ... Nach jahrelangem Arbeiten mit diesem Spruch bin ich nunmehr fest davon überzeugt, daß das absoluter Quatsch ist!! Was für ein Glück!!!«

Sie hatten sich als erwachsene Menschen kennengelernt. Er war erwachsen geworden in seiner achtjährigen Ehe. Sie war erwachsen geworden als alleinerziehende Mutter – falsch, als sozialistische Frau. Wie sie alleine mit ihrem Sohn zurechtkam! Er bewunderte ihre Ruhe. Später bewunderte er ihr Selbstbewußtsein, das manchmal die Selbständigkeit ersetzte.

Sie hob sich deutlich ab von den Ostfrauen, die er durch seine Arbeit kennengelernt hatte. Die waren unscheinbar, charakterlich geduckt, lahmarschig und desinteressiert, aber mit Facharbeiterbrief.

Manchmal war sie unangenehm unsentimental. Aber er nahm es hin, weil er dahinter Hilflosigkeit vermutete. Sie sagte zum Beispiel: »Das ist sehr poetisch, wie du schreibst, aber die Welt ist viel einfacher. Laß uns über anderes sprechen, was wichtiger ist. Geld regiert die Welt.«
Auf der anderen Seite hatte diese Haltung auch etwas Entwaffnendes. Natürlich mußte er ihr recht geben. Sie wußte über den Kapitalismus Bescheid. Sie setzte ihre ML-Lektionen optimal um. Auch darin unterschied sie sich von der Mehrheit der Ost-Menschen.

4

Sie sahen sich zum erstenmal in Frankfurt an der Oder, verabredeten sich ein halbes Jahr später in Nürnberg, teilten eine Woche darauf die Sonne auf einem Bootssteg und ein Kurbett in Bad Salzungen, waren voller Erwartungen erstmals zusammen in Ostberlin, dann wieder getrennt. Dann packte sie an bei seinem Umzug nach Fürth. Da lief bereits seine Scheidung, und es war klar, daß er in Jahresfrist zu ihr nach Berlin ziehen würde – nach Ostberlin. Sie fuhren zusammen nach Erfurt zu ihren Eltern, dann nach Nürnberg zu seiner Mutter.
Pilzesammeln und Zelten! Das waren Vorlieben, die ihm im Westen nicht begegnet waren. Nicht bei einer selbständigen Journalistin, die allabendlich in Sachen Kultur unterwegs war. Wie brachte sie das alles unter einen Hut? Mit einem Sohn, der gerade in die Schule gekommen war? Hatte sie deshalb keine feste Beziehung?
»Ohne meinen Sohn wäre ich nie geworden, was ich bin.« In diesen Worten steckte Stolz auf die Selbständigkeit der DDR-Frau, auf finanzielle Unabhängigkeit. Sie konnte sich empören über die Haltung sogenannter emanzipierter Westfrauen, die sich von ihren Ex-Männern aushalten ließen.
Auf Hiddensee atmeten sie aus, bevor sie zwei Wochen mit ihren Söhnen auf einem Zeltplatz bei Königs Wusterhausen

verbrachten. Zwei anstrengende Wochen. Warum waren ihre Söhne auch so verschieden? Aber sie bekam die Situation immer wieder in den Griff.

»Was hast du doch für eine praktische Bekannte!« kommentierte sie ihr Verhalten selbstlobend. Damit benannte sie nicht nur ihr Geschick, Lebensmittel auf dem Zeltplatz zu beschaffen, oder ihre Fähigkeit zu vermitteln, wenn es Streit zwischen den Kindern gegeben hatte. Vielmehr beschrieb sie damit auch ihr Talent, unterschiedlichste Aktionen entlang der kürzesten Wegstrecke aufzufädeln und das Angenehme vergnüglich mit dem Nützlichen zu verbinden.

Sie waren unterwegs. Ein Jahr lang umkreisten sie sich, näherten sie sich an. Durch das Autofenster zeigten sie einander Landschaften ihrer Heimat. Sie führte ihm bei jeder Gelegenheit die typische Ostfrau vor. Nein, typisch war sie beileibe nicht. Sie verstand es glänzend, die Errungenschaften und Vorzüge des Ostens an ihrer eigenen Person in größerer Runde zu demonstrieren. »Das hätten Sie wohl nicht gedacht«, pflegte sie kokett anzufügen, wenn sie sich zur Verblüffung der Anwesenden als Ostfrau geoutet hatte.

Manchmal glaubte er, in ihren Äußerungen doch etwas Sentimentales zu entdecken. »Bei uns in der DDR gab es nämlich auch Bananen. Ich habe meinen Sohn gewissermaßen damit großgezogen.« »So, also liebt sie die DDR«, dachte er. Dann, als sie durch die Mark Brandenburg fuhren, erklärte sie ihm: »Hier wuchs der beste Spargel ganz Deutschlands, er wurde überallhin exportiert. Bei uns gab es keinen zu kaufen. Und wenn meine Mutter doch welchen ergattert hatte – ich mochte keinen Spargel.« »So, also haßt sie die DDR«, vermutete er.

Es spielte keine Rolle für ihn, ob sie nun eine typische Ostfrau war oder nicht. An dieser Einstellung änderte auch ihre Vorliebe für Ananas nichts und ihr Heißhunger auf geräucherten Lachs. Das waren Dinge, die ihn amüsierten.

Sie hatte sich in ihrem Job nach oben gearbeitet und war dabei schon zu DDR-Zeiten weiter herumgekommen als er, der seß-

hafte Wessi. Sie war weltgewandt und direkt. Sie kannte ihre Heimat besser als er seine nächste Umgebung. Als streitbare und kritische Journalistin setzte sie sich für die Menschen in den neuen Bundesländern ein. Dafür wurde sie geschätzt. Deshalb war sie im Osten geborgen.
Als sie ihn in ihre Kreise einführte, entdeckte er ein unbekanntes Land. Nahezu alle Menschen, die er durch sie kennenlernte, schienen aus Berlin zu stammen, und jeder dieser Menschen schien über den anderen Bescheid zu wissen – so erschien ihm Ostberlin wie ein Dorf. Hier traf er auf eine Generation, die hilfsbereit, verständnisvoll und offen war. Hier wurde noch diskutiert und gesprochen, während »drüben«, im Westen, nur die Schlagzeilen des gestrigen Tages paraphrasiert wurden. Er traf auf eine Generation, die im Osten aufgewachsen war, und sie schien ihm deren Protagonistin zu sein.

5

»Ich kann deine Nähe noch immer nicht begreifen.«
»Es gibt keine Zufälle«, sagte sie.
»Und ich sage dir, auf nichts ist Verlaß. Das ist eben die unterschiedliche Sozialisation, wie du das immer auf den Punkt bringst, meine kleine Stalinistin …«
»Diese Gesellschaftsordnung ist jedenfalls nicht die beste, nur war der Sozialismus leider zu teuer.«
»Ich könnte ja die Leiter des Lachens anlegen und auf dein Kichern warten. Diese Leiter des Lachens legte ich an jene Mauer, die uns nicht mehr trennt. Und ich stiege auf ihren Sprossen aus meinen Verhältnissen, an den Mauerrand und streckte lachend meine Hände aus. Mit Hilfe dieses Lachens stiege ich ein paar Minuten hinüber. Ich vergäße dabei nur für einen Moment unsere Verhältnisse. Und ich sagte: Ich möchte dich umarmen, jetzt. Aber wir können uns nicht berühren. Fast ist es, als wäre die Mauer doch noch da, so wie unsere Vergangenheit.«

DIE SACHE MIT SYLVI UND MIR

Adam und Eva waren nackt und jeden Sommer im Paradies. Das Paradies war ein Nacktcampingplatz im Norden der Republik. Dann kam der Wahlsieg der CDU. Adam und Eva durften bald nicht mehr nackt sein, denn die Parteigänger des HERRN schämten sich in SEINEM Namen für das, was ER geschaffen hat, und schafften das einfache, natürliche Nacktsein ab, wo sie nur konnten. Und das ist ja aus ihrer Perspektive auch irgendwie klar, marktgerecht und logisch: Warum soll man Kirchensteuer zahlen und zum Pfaffen laufen dafür, daß man ins Paradies kommt, wenn man es in Mecklenburg schon hat?! Oder andersherum: Wenn man Kirchensteuer abzocken will, darf das Paradies nicht umsonst überall zu haben sein.

Folgerichtig ließen die Statthalter Gottes das Nacktsein von den Marktwirten ab sofort ziemlich ordinär auf Hochglanztitelseiten drucken und einen Zaun ums Paradies ziehen, daß sie Eintritt kassieren können. Ließen die altneuen Wald-, Land- und Grundstücksbesitzer Schilder aufstellen, die es Adam und Eva verboten, ihre altbekannten Wege ins Paradies zu gehen. Ließen sie Schmuddelzeitungen und Schmuddelläden auf den Markt schmeißen und Schmuddelprogramme in die frisch installierten Kabelnetze einspeisen. Adam wurde mehr als einmal aufgefordert, die paar zig DeMark zusammenzukratzen und sie einer dieser blonden Perückenträgerinnen mit den schwarzglänzenden Pantalons und den rosanen Aerobic-Höschen zu geben, die sich an den bekannten Stellen besichtigen lassen. Für die gewisse Dienstleistung, versteht sich. Und Eva wurde das Instrument gezeigt, das Vibrator oder auch Massagestab heißt und angeblich ebenso zu ihr gehört wie die Binde, mit der frau sich einzig sicher fühlt.

Eva war Sylvi, Adam ich. Das Paradies war futsch, und ob wir das damals alles kapierten, weiß ich heute nicht mehr. Und ob ich das irgendwo laut sagen würde, weiß ich erst recht nicht. Denn das habe ich inzwischen gelernt: Niemand verbietet es, schon gar kein Parteisekretär. Es verbietet sich von selbst! Und wenn einer etwas sagt, was sich von selbst verbietet, dann Gnade ihm Gott und jeder, der in SEINEM Namen Posten und rote Socken jagt. Was ja ungefähr dasselbe ist.

Sylvi ist auch futsch. Das ist natürlich schlimm für mich. Daß es mich einmal so hart treffen würde, hätte ich damals nicht gedacht, und irgendwie fühle ich in mir tiefe Reue darüber, daß ich sie nicht immer so behandelt habe, wie ich es heut gern tun würde. Sie ist mit so einem Schnösel aus Bayern weg. Der kam mit seinem BMW, und schon war sie in ihn verliebt. Auf den ersten Blick, hat sie bei unserem kurzen, aber heftigen Abschied beteuert. Dabei erinnere ich mich noch einer dieser Sendungen im Ostfernsehen, kurz nachdem wir unsere Unschuld verloren hatten, und daran, wie sich Sylvi über den Drang der Männer, sich mit großen Autos zu schmücken, lustig gemacht hat. Aber der Reihe nach.

Das war so eine Weiber-Quatschrunde, in der die frischgebackenen Gerade-noch-DDR-Emanzen über die Männer herzogen und davon sprachen, daß die Ostmänner sich nun große Autos als Phallussymbole zulegten und daß sie damit kleine Schwänze kompensieren wollten. Ich erinnere mich, daß mich irgendwas störte, ich aber nicht wußte, was. Heute weiß ich es. Es war das erste Mal, daß bei uns eine Männer-gegen-Frauen-und-Frauen-gegen-Männer-Diskussion lief. Das Paradies hatte Bankrott erklärt und verschleuderte seine Werte unter Wert. Ich sagte noch zu Sylvi, daß doch die Männer mit den Autos Weiber ködern wollen und daß sie mit Dreirädern kämen, wenn die Weiber drauf mit- und abfahren würden. Daß also die Frauen, die sich mit den großen Autos abschleppen ließen, mindestens genauso lächerlich seien – wenn schon, denn schon. Aber Sylvi war inzwischen, wie sie sagte, eine »unabhängige« Frau. Mit Verband und allem Drum und Dran. Darüber war mit ihr nicht mehr zu reden.

Dann war die letzte Wahl zur Volkskammer. Die erste freie, wie es heute noch heißt. Die Vergessensmaschine lief längst auf vollen Touren, so daß viele sich heute auch nicht mehr erinnern müssen, daß sie die Scheiße, in der sie nun stecken, selbst gewählt haben. Und zwar inbrünstig. Was sie auch frei genug macht, sie immer wieder von neuem zu wählen. In der Frage waren wir, Sylvi und ich, uns damals noch einigermaßen einig. Eine zweite könnte ich schon kaum noch nennen. Denn Sylvi war ja nun eine »unabhängige« Frau. Komisch, daß ich mich gerade in dieser Situation an den Deutschunterricht in der Schule erinnerte. An Brecht, diesen ollen Matscho, zum Beispiel, den ich nie gemocht hatte. Damals. Alles so ideologisch, vordergründig, linienmäßig. Oder war es die Staatsbürgertante, die uns mit ihrem B. B. gekommen war? Jedenfalls ging es um Freiheit und darum, daß man fragen soll, frei wovon und frei wozu. Damals hatte ich das zum Kotzen gefunden, und nun fiel es mir plötzlich ein. Ist schon komisch. Und jetzt kamen mir Verbindungen in den Sinn, für die ich mir damals in der Schule Bienchen hätte holen können, die mir aber nie eingefallen wären: Paßte diese Frage nicht auch zu Sylvis Unabhängigkeit? Wovon war sie denn nun eigentlich unabhängig? Und wozu? Sylvi mußte sich solche Bemerkungen schon deshalb verbitten, weil ihr unabhängiger Verband höllisch aufpassen mußte, nicht mit marxistischen Sprüchen ertappt zu werden. Schon weil so viele der nun unabhängigen Frauen eben noch ziemlich SED-abhängig gewesen waren. Denn unabhängig ist nur, wer von FAZ und CDU dafür gehalten wird. In aller Freiheit, versteht sich.
Jedenfalls fuhren wir im Frühjahr noch beide nach Paris. Es war eines dieser Billigsupersonderangebote, die uns Ostlern die Marktwirtschaft schmackhaft machen sollten. Eine der schönen, bunten Glasperlen, für die wir unseren kleinen Kontinent samt Paradies hergaben. Bezahlt hatten wir die Reise von unserem Begrüßungsgeld und von zusätzlichen hundert DeMark, die wir von Sylvis Tante hatten und damals noch ziemlich

großzügig fanden. Das war die letzte kurze Gemeinsamkeit, die wohl auch nur deshalb eine war, weil diese wunderschöne Stadt uns für den Moment in Staunen und Begeisterung einte. Von nun an trennte sich wie selbstverständlich, was so lange zusammengehört hatte.

Sylvi, wie von einer grassierenden, unheilbaren Krankheit befallen, ideologisierte von Stund an ihr Frausein. Jeder Tropfen Menstruationsblut, jede unbekannte und erst recht jede bekannte Schwangerschaft, alles wurde von nun an gegen mich und die gesamte Männerwelt verwendet. Früher war Sylvi so selbstverständlich eine Frau, daß es darüber nichts oder kaum etwas zu sagen gab. Nun redete sie von nichts anderem mehr. Und je mehr sie darüber redete, möglichst fünfundzwanzig Stunden am Tag, desto weniger war sie es. Oder umgekehrt? Jedenfalls kamen wir uns immer seltener nahe: Sie kluckte zehn, zwölf Stunden am Tag in irgendwelchen Frauenprojektbüros mit irgendwelchen Projektbürofrauen, und wenn sie dann zu Hause war, stellte sie mich an den Pranger für alle geschlagenen und geschundenen Frauen dieser Welt. Daß sie kaum noch mit mir schlief, wäre schließlich auch ein solidarischer Akt diesen Frauen gegenüber, gab sie mir zu verstehen. Abgesehen davon, daß sie sowieso viel zu müde war.

Anfangs war ich wütend auf sie und ihre Weiber, dann begann ich, mich meines Schwanzes zu schämen, und war schließlich froh, wenn keiner von uns beiden unsere wenigen und kurzen Gespräche auf das Thema Sex brachte. Denn ich fühlte mein Zusammenbrechen unter der Last meiner Schuld nahen.

* *

Sie wurde immer frustrierter, und das war ja letztlich auch kein Wunder. Die neuen Macher mit Bibel und DeMark als Winkelementen, die sie den kleinen doofen Ossis als Peitsche und Zuckerbrot unter die Nase und vor Augen hielten, haben den Feldzug gegen die Frauen auch oberclever in Szene gesetzt. Das muß der Neid ihnen lassen!

Das erste dicke Ding war die Wahl der neuen Volkskammerprä-

sidentin. Später haben Insider-CDUhus die Mär ausgestreut, das sei ein Versehen gewesen, die anderen Posten waren verteilt und vergeben, und es wären zum Schluß nur noch genau ein Posten und diese Kandidatin übriggeblieben. Das mag glauben, wer will. So oder so, die Besetzung dieses repräsentativen, sehr öffentlichen Amtes ohne jegliche wirkliche Einflußmöglichkeit mit einer Frau, und dann noch mit dieser, war für den politischen Zweck ein Geniestreich! Pech nicht nur für die Frauen, aber für sie besonders. Vereinigte die neue Präsidentin in sich doch so viele Negativklischees der Männer in so fernsehgerechter Weise, daß das allein das Selbstwertgefühl der meisten Ostfrauen schon unterminieren mußte. Obendrein zelebrierten die Westmedien genüßlich immer und immer wieder die fromme Einfalt, die edle Inkompetenz und ihr staatsfraulich-unabhängiges Modebewußtsein, das sie vor etlichen Kameraaugen in genauestens benannten Westberliner Boutiquen auslebte, was etliche Frauen im Osten als eine klatschende Ohrfeige nach der anderen empfinden mußten. Die Männerwelt klatschte auch, nämlich sich auf die Schenkel: Für ein paar hundert De-Mark posierte die oberste Repräsentantin dieser DDR als wandelnde und unbedarft plappernde Werbefigur eines kleinen Kudammladens und als christlicher Beweis, daß das Modebewußtsein das politische Sein bestimmt und nicht umgekehrt. Wie billig war Ostdeutschland jetzt zu haben!
Seit August Bebel hatte es, abgesehen von Bärbel Bohley, keinen wirksameren Gegenbeweis mehr gegeben für die These, daß Männer und Frauen gleichwertig seien. Und während die »unabhängigen« Frauen immer noch verzweifelt die Parole ausgaben: »Alle Frauen sind stark, mutig und schön«, setzten die Regierenden mit zwei weiteren Tiefschlägen diesen weibischen Illusionen ihre Realitäten entgegen, nämlich die Frauen- und die Jugendministerin der DDR. So mußte es auch für Sylvi kommen, daß das, was mit vielen anderen für sie so hoffnungsvoll begonnen hatte, recht bald umschlug in Männerfeindschaft. Sie konnte, wie viele ihrer neuen Glaubensrichtung, den Män-

nern diese drei Frauen nicht verzeihen. Was ich schon damals irgendwie verstehen konnte. Ich nehme den Frauen, die nach den Gesetzen der Wahrscheinlichkeit und der einschlägigen demoskopischen Erkenntnisse mehrheitlich den Kanzler gewählt haben, diesen ja auch übel.
Während Sylvi engagiert unabhängige Frau war und dafür neuerdings auch noch Geld bekam – sie hatte bei ihrem Verein einen Job gekriegt, hatte sozusagen ihren Sexus ohne Sex zum Beruf gemacht –, mußte ich mich nun langsam nach neuer Arbeit umsehen. Ich hatte Glück. Nach den neuen, ziemlich zufälligen Definitionen, die die jetzigen Herren der DDR von G. Krause aufschreiben ließen (dessen eigentliches Amt es war, darüber hinwegsehen zu machen, daß sie mit sich allein verhandelten), wurde mir keine meiner Qualifikationen aberkannt. Weder meine Schwimmstufe noch mein DTSB-Übungsleiterschein im Bodenturnen wurden mir wegen Staatsnähe gestrichen. Auch den Führerschein darf ich behalten. Was freilich noch lange nicht heißt, daß ich z. B. als Meinungsführer zugelassen würde. (Wo es die Meinungsführerscheine gibt, habe ich noch nicht herausbekommen, obwohl ich schon zwei-, dreimal eine FAZ in der Hand hatte; dieses Thema behandeln die Meinungsführer als Top-Secret-Angelegenheit. Wahrscheinlich werden die über die Kirche vertrieben. Ich glaube mittlerweile, man bekommt den Schein automatisch, wenn man ein höheres Kirchenamt erlangt hat. Fast alle Top-Politiker hatten oder haben ein solches inne. Jedenfalls ist es doch des Bemerkens wert, daß die wichtigen Meinungsführer zumindest stilistisch alle irgendwie auch Pfaffen sind.) Ich hatte nie in die Zusatzversicherung gezahlt, hatte kein Geld noch sonstigen Besitz, den man einfrieren, halbieren oder anders mir nehmen konnte. Sylvi und ich hatten immer alles versoffen und verfressen – wir waren ja im Paradies und mußten kein Kapital anlegen, wir hatten im Sommer den Campingplatz. Der Trabbi war ihrer und freilich nun nichts mehr wert. Die Kinder, die wir machen wollten, waren uns trotz jahrelanger Planung und beiderseitiger

stürmischer Bemühungen nicht gelungen. Nicht einmal diesen Plan haben wir erfüllt, unser ganz privater Beitrag zur DDR-Mißwirtschaft. Also hatte ich ganz gute Ausgangspositionen im beginnenden Überlebenskampf einschließlich der Hoffnung, daß Sylvi von ihrer Unabhängigkeitskrankheit genesen würde.

* *

Da stand ich ihm gegenüber: dem Westmann. Ich hatte das eine oder andere Exemplar dieser enorm reformbedürftigen Gattung früher schon aus der Nähe betrachtet, nicht nur übers Fernsehen. Und obwohl es seine toleranteren Exemplare waren, die in die DDR kamen, sich mit den Leuten hier abzugeben, war er mir immer irgendwie fremd und anders geblieben, dieser Geschlechtsgenosse in seiner vielbunten Uniform und mit seinem Einheitsindividualimage. Ich hatte ihn interessiert, ja neugierig betrachtet und ihm zugehört, als er bei dieser oder jener Gelegenheit seine Geschichten aus der anderen, sternenweit entfernten Welt erzählte. Und ich ließ ihn erzählen, denn ich merkte bald, wie gern er erzählt. Damals konnte ich noch richtig zuhören ... Ich lauschte also den Erzählungen, dachte mir meinen Teil, schüttelte oft innerlich den Kopf und nickte mit diesem doch teilnahmsvoll andächtig zuhörend. Denn daß der Westmann ein zartes, empfindsames Geschöpf ist, hatte ich wohl gemerkt. Aber das war gar nicht schlimm. Denn irgendwann fuhr er ja wieder nach Hause. In den Westen.

So sehr die Begegnung mit ihm interessant, neu, anregend gewesen sein mochte – wenn nicht gerade enervierend –, so blieb doch etwas wortreich Unaussprechliches zwischen uns. Ein Ton, der mir sagte, daß ich so nicht leben oder sein wollte. Und so oberflächlich das gegenseitige Kennenlernen bleiben mußte, schon wegen der einseitigen Besuchssituation, so spürte ich doch tief genug, daß hinter dem sagenhaften Glanz der Erfolge und Geschäfte ein Schattenreich lag, dessen dunkle Kühle nicht zu meinem Gemüt passen wollte. Ich weiß, daß ich nicht dachte und empfand wie alle meiner damaligen Landsleute. Aber es waren weit mehr, als sich heute erinnern. Vielleicht kommen sie auch nur nicht zu Wort. Denn in der Talkshow-Demokratie hat recht und wird gehört, wer am lautesten schreit oder keift; erinnern ist eine stille Tätigkeit und verhilft in der Regel nicht zu einer Karriere in den Medien oder durch sie.

Jedenfalls war es urplötzlich vorbei mit der freundlichen Distanz, mit den herzzerreißenden Abschieden und mit der, jedenfalls unsrerseits, durchaus ehrlichen Hoffnung auf baldiges Wiedersehen. Nun prallte zusammen, was unterschiedlicher kaum gedacht werden konnte.

Bekanntermaßen haben wir Ostler in den paar Wochen ab dem Herbst 89 weiter nichts gemacht, als die Westler jahrzehntelang getan hatten. Nämlich den anderen deutschen Staat besucht. Aber während wir Ostler aus den Besuchen von Tante Frieda und Onkel Erwin (und sie waren in Scharen gekommen, man erinnere sich der ewig langen Schlangen an den Grenzübergängen) nie das Recht abgeleitet hatten, den Wahlkampf der Bundesrepublik zu leiten oder alle Abteilungsleiterposten des Bundeskanzleramtes zu besetzen, fiel der gemeine Westmann in jeglicher parteilicher Couleur sofort als postmoderne und postbiblische Heuschreckenplage in das kleinere deutsche Land ein mit der Begründung, daß die Besuche der Ostler bewiesen, daß sie das wollten. Oder so ähnlich. Der historischen Wahrheit zuliebe nehme ich das sofort sofort wieder zurück. Eine kleine Schrecksekunde billige ich auch den Forschesten zu.

Nun gab es kein Wiedersehen mehr, denn es gab auch keinen Abschied. Früher wollten wir unsere Westbesucher oft und gern länger dabehalten, aber sie mußten zurück, die Businessmen, da der Überlebenskampf keine längeren Auszeiten duldete. Nun, da wir im Osten endlich angefangen hatten, unsere Probleme miteinander zu klären, und dazu hätten unter uns sein sollen, wurden sie durch und durch lästig und waren nicht mehr loszukriegen. Früher, als alles so billig war, befanden sie alles zu teuer, weil sie läppische 25 Mark umtauschen mußten. Nun, da täglich fast alles teurer wurde, überfiel sie der Kaufrausch. Früher, als die DDR in ihren Augen eine Diktatur war, respektierten sie sie und rollten schleimig lächelnd rote Teppiche aus für die oberschlimmen Diktatoren. Nun, da die Parlamentsplätze auch hier nach der Methode verteilt wurden, nach der auch Waschmittelmärkte aufgeteilt werden, wie sie es immer gefordert hatten, respektierten sie nichts mehr und regierten ungeniert in diesen kleinen Staat hinein und über die Köpfe der Leute hinweg. Jetzt mußte man den Westmann nicht mehr nach Hause verabschieden. Aber: im selben Augenblick konnte man es auch nicht mehr, denn er war und wurde es immer mehr – zu Hause. Während man selbst sich immer mehr zu fragen hatte, wer man war, wo man war und ob es überhaupt je ein zu Hause gegeben hat.

* *

Er kam, sah und siegte, nahm in Besitz und redete permanent wie zu Minderbemittelten und gleichzeitig fürs Geschichtsbuch. Er war sich der historischen Situation bewußt und der ganz persönlichen Chance. Und wie man diese befördert, indem man jene im Munde führt. Die Überlegenheit schien ihm von Stund an ins Gesicht gemeißelt, und doch stand er plötzlich nackt, entkleidet all seiner Legenden, all der großen Töne, die er offiziell und inoffiziell jahre- und jahrzehntelang gespuckt hatte. Indem er sich anmaßte, meiner Biographie Zensuren zu erteilen, indem er es für die Ostler insgesamt tat, indem er loslegte, meine Feigheit zu bestimmen sowie meine sonstigen Defizite, mir jeglichen Respekt verweigerte und daraus seine Ministerpräsidenten-, Oberstaatsanwalts- und sonstigen Posten ableitete, zeigte er mir und der Welt: Es gibt nichts Feigeres und Hinterhältigeres als den gemeinen Westmann! Nicht seinen Pluralismus getraut er sich zu leben, nicht Objektivität noch Wertfreiheit. Schon gar nicht getraut er sich, sein parteiisches Denken und Handeln zu bemerken oder gar zuzugeben, gleich, ob er sich früher links gab oder schon immer ein bekennender oder offensichtlicher Raffke war. Jeder denke sich seine Ausnahmen, aber behalte diese nobel ausstaffierte, jämmerliche Normalität im Auge.

Wo sind sie hin, die vielen grünlinken Männer, die zu Zeiten der echten DDR scheinbar gegen ihre eigenen Oberen anstanken, um damit ihre Kritik an unseren zu rechtfertigen? Zum Beispiel Udo L., der sich jahre- und plattenlang um engste und freundschaftlichste Beziehungen zu Erich H. mühte, was sich in den frühen Jahren dieser Anbahnung ausgesprochen witzig ausnahm. Nobody Loves You When You're Down And Out, sangen schon die alten Blueser, und auch die neueren halten sich dran. Wie lange hat Udo nach dem 89er Herbst gebraucht, um nun endlich zu erkennen, daß es eine Mauer gab, und um Erich H. folgerichtig in den exstaatsratlichen Arsch zu treten? Im selben Moment, da der Westmann als solcher begann, dem Ostmann und manchmal auch der -frau ihr Leben vorzuwerfen, stahl er sich klammheimlich aus der eigenen Biographie. Daß der Fette aus O. mit dem Erich aus W. dereinst über den Roten Teppich geschritten war und jener diesem eine Menge Artigkeiten gesagt hatte, wird zwar ab und zu von einigen taktisch Gewieften angemerkt, aber bei der Bilanzierung des Gewesenen sorgfältig unterschlagen. Die Unterwerfung des einzelnen unter das politische Liniensystem geschieht mit soviel Feigheit, daß er es sogar vermeidet, diese überhaupt wahrzunehmen. Wer wäre je im Osten so feige gewesen wie fast jeder ganz normale bundesdeutsche Steuerbürger vor dem Finanzamt?

Nichtsdestotrotz. The show must go on – aber nach seinem Maße! Denn er läßt die Peitsche knallen und die Puppen tanzen, und ich Ostmann werde ihm ähnlich, ob ich will oder nicht. Freilich, ich sträube mich, erfahre aber eins ums andere Mal, daß mir Geld, Zeit, Ansehen, Muße verlorengehen, wenn ich mich an seine Spielregeln nicht halte. Was noch lange nicht heißt, daß ich etwas von dem gewinne, wenn ich mich an sie halte. Ich kann mir bestenfalls einbilden, die Chance zu haben. Sicher ist nur, was ich verliere: Ich verlerne zuzuhören, ich verlerne, über mich nachzudenken, ich verlerne, daß es einen Sinn braucht, etwas zu tun. Denn es muß keinen Sinn haben, wenn es Geld bringt. Ich lerne: Das ist der Sinn. Früher wollte ich ein Land bessern, heute möchte ich Land kaufen. Und dazu brauche ich Liquidität und Bonität, Verhandlungs- und Überzeugungsgeschick, vielleicht noch eine Geschäftsideologie – Verzeihung: Geschäftsphilosophie muß es natürlich heißen. Oder halte ich es etwa immer noch für so ziemlich den größten Unfug, diese Erde aufzuteilen und als Besitz einer winzigen Minderheit der Weltbevölkerung zu betrachten? Oder denkt da etwas in mir etwa immer noch, daß gerade dies eines der Grundprinzipien ist, an denen die Welt zugrunde zu gehen im Begriff ist? Ich denke es nicht, und wenn, dann sage ich es nicht, schon gar nicht laut, denn die Pfaffen sind wachsam und ahnden Gottes- und noch schlimmere Lästerungen, ob in ihrer Eigenschaft als Synodalökomenekonsistorial-, als Ministerialbundesundparlamentsbank- oder Generalbundesanwaltseinpeitsch. Hundertmal leichter sind die heiligen Kühe der anderen geschlachtet, als daß man merkt, daß die eigenen siechend am Verrecken sind. Man kann sich auch durch Überfressen ums Leben bringen, singen die televisionären Chöre der schönen neuen Welt mit den besten Grüßen von Mister Orwell Huxley. Die Diktatur ist tot, es leben die katholische Kirche, der Paragraph 218 und die Rechtsnachfolge Adolf Hitlers! Und die Praxis, Zusammenhänge nicht dort zu sehen, wo sie sind, und um jeden Preis ähnlich zu finden, was ähnlich zu finden nützt.

* *

Je mehr der Westmann sich aufplusterte in den Wochen und Jahren nach dem denkwürdigen Herbst 89, desto mehr ging es mit dem Ostmann bergab. Zuweilen ist es anders als im Märchen, in dem es am Scheideweg immer eine richtige und eine falsche Richtung gibt. Zuweilen ist es ganz ähnlich wie im Märchen, wo Hans sein kleines Glück eintauscht gegen – nichts! Die Ostler haben mehrheitlich getauscht und von da ab keine Chance mehr gehabt, sie selbst zu bleiben und den richtigen Weg zu wählen. Sie haben nur noch die Wahl zwischen falsch und falscher, und so sahen und sehen ihre Repräsentanten auch alle irgendwie aus. Ob sie nun Kohl, Schäuble, de Maiziere, Stolpe oder Aldi heißen. Diejenigen, die das nicht gewählt haben, sind verraten und verkauft und haben erst recht kaum eine Chance, an dem festzuhalten, was ihnen wert und teuer war.

So mußte der Ostmann sich nachwendig also ins Sakko aus Mikrofaser oder gar reiner Schurwolle zwängen, um zu lernen, in Sack und Asche zu gehen. Oder er stieg vom Selbstgestrickten über die rote Fliege auf die Politprofiuniform der Besserverdienenden und -wissenden um. Oder er wurde von einem fernsehgeilen Widerständler zum fernsehgeilen parlamentarischen Chefankläger oder vom frustrierten, komplexgedrückten Provinzpfaffen zum staatlich anerkannten Vergangenheitsverwalter, vom Oberpazifisten zum Kriegsprediger. Sie alle eint der die westfünfziger Jahre nachholende Ruf: Wir sind wieder wer!

* *

Inzwischen war es Sommer geworden. Schon ein paar Wochen besaßen wir das richtigste Geld der Welt und hatten einigermaßen Schwierigkeiten, etwas dafür zu kaufen. Sylvi war immer noch zu schwer beschäftigt und hatte keine Zeit. Ich brauchte fast alles, was es jetzt gab, nicht. Sie befand sich permanent im Wahlkampf für die Frau als solche. Selbst war sie inzwischen vollends zum Neutrum geworden. Jedenfalls mir gegenüber. Und dabei war erst ein knappes Dreivierteljahr vergangen, seit Alice Schwarzer sich über die tollen Ostfrauen gefreut hatte, die ihre ersten zögerliche Schritte auf Westboden machten. Es war auch die Zeit, als mir langsam dämmerte, wie diese Gesellschaft funktioniert. Obwohl ihre Gesetze im Osten ja noch nicht im Original galten und wir ihre Funktionsweise noch nicht so richtig zu spüren bekommen hatten.

Zum Beispiel wurde mir immer klarer, daß die niedrige Geburtenrate im Westen, trotz der hohen der Ausländer, sicher nicht nur etwas mit Verhütung und so zu tun haben konnte, sondern auch damit, daß die Leute in der westlichen Freiheit kaum noch vögeln. Entweder sie arbeiten zu viel, oder sie arbeiten zu we-

nig, oder sie gucken gerade Porno. Diese Möglichkeiten hatte es ja in der Gefangenschaft des Ostens nicht gegeben (wie man das heutzutage freiheitskonform auszudrücken hat) bzw. nur für die wenigsten der Videorecorderbesitzer. Die Pornogucker hatten wohl, entgegen den Behauptungen der frühen Medienkampagnen zur Auflösung der DDR, eher nicht im Politbüro gesessen.
Vielleicht kann man das simple natürliche Vögeln, wie Sylvi und ich es früher eher öfter als weniger getrieben hatten, auch als Verhaltensauffälligkeit in der Gefangenschaft deuten, ähnlich dem Kopfschwenken der Eisbären im Tierpark?! Erstaunlich, daß noch niemand irgendeiner Opfergruppe oder Enquete-Kommission diese These herausposaunt hat! Vielleicht könnten dann die Opfer-Frauen um B. B. die SED und also die PDS dafür verklagen, daß sie die Mutterschaft erleiden mußten, was ihnen im Westen mit großer Wahrscheinlichkeit, wie so vieles andere, erspart geblieben wäre? Die freiheitlichen Richter würden die PDS verknacken. Das ist klar. Unklar ist nur die Begründung, über die man bestimmt wieder herzlich lachen könnte, wenn man nicht gerade der betroffene Schatzmeister ist. Die Partei würde jedenfalls finanziell nie wieder einen Fuß auf den Boden kriegen auf Grund der Geburtenraten, die es in der DDR gegeben hat trotz der erlaubten und bezahlten Schwangerschaftsabrüche. Oder gerade deswegen? Das Gericht würde natürlich nicht »Schwangerschaftsabbruch« sagen. Es würde, falls es die Notwendigkeit sähe, diesen Sachverhalt zu benennen, das Wort Abtreibung verwenden. Ich finde es regelmäßig lächerlich, wenn sich Gegnerinnen des Paragraphen 218 in Diskussionen, zum Beispiel im Fernsehen, für oder gegen die »Abtreibung« einlassen. Mit der Wortwahl ist schon alles entschieden, und sie merken es nicht einmal, strampeln sich ab, regen sich auf und wundern sich. Und genau wie mit dieser Wortwahl das Selbstbestimmungsrecht der Ostfrauen abgetrieben wurde, wurde von denselben Leuten mit anderen Worten die Geschichte und Identität eines ganzen Volkes abgetrieben.

Man halte sich immer an die von den Meinungsführern vorgegebenen Begriffe und wundere sich dann über das Ergebnis ...

* *

Wie unzivilisiert unsereins doch damals war in Sachen Sex und im Zusammenleben der Geschlechter! Auch ich lernte nun um auf postmodern, nicht gerade sonderlich freiwillig, aber letztendlich ist diesem System egal, wie freiwillig der einzelne ihm gehorcht. Noch.

Heute brauche ich es schon gar nicht mehr und sage mir, daß kein Sex ja auch etwas Gutes hat: für den Wirtschaftskreislauf und als Präventivmaßnahme gegen AIDS. Wieviel Geld kann ich ausgeben und damit die Konjunktur ankurbeln, wenn ich nicht mehr mit Sylvi zusammen bin! Ich kann eine Flirtschule besuchen, Annoncen aufgeben, auf Singlepartys teure Getränke trinken, mehrere Agenturen probieren, mich über mein Outfit beraten lassen. Und was sich der Markt noch alles einfallen läßt, um das Allein- oder, wie man es marktgerecht ausdrückt, Singledasein zum Normalzustand zu verklären.

Aber damals war das noch anders. Ich meinte, daß das Leben, das Sylvi und ich zu führen begonnen hatten, kein richtiges Leben sei. Ich glaube nicht, daß es daran lag, daß Sylvi zu diesem Zeitpunkt eine wichtige Person in der Politik war – jedenfalls hat sie mir gesagt, daß sie das sei –, während ich eher zu Hause rumhing und mir Gedanken machen mußte, wie es mit mir beruflich und überhaupt weitergehen sollte. Ich bin mir ziemlich sicher, daß das Männliche in mir sich nicht als kastriert empfindet, wenn die Frau von öffentlicher Wichtigkeit ist. Ich denke, wir hätten eine längere Zeit so unterschiedlicher beruflicher Situationen und damit Belastungen gut und gerne überstehen können, wenn wir es gewollt hätten. Oder richtiger: wenn wir wie früher dasselbe vom Leben gewollt hätten.

Uns ging es aber genauso wie Millionen anderer auch, egal ob Männlein oder Weiblein. Wir waren aufgewachsen und hatten uns eingerichtet in unseren Verhältnissen, indem wir uns zu diesen positioniert hatten. Jeder einzelne für sich, über die Lebensjahre hinweg. Nun waren andere Verhältnisse gekommen, und wir hatten uns neu zu entscheiden, welche Positionen wir in ihnen anstreben, und wir hatten neu zu beweisen, wozu wir in der Lage sind, und der Genosse Zufall mischte das Gros der Karten neu. Manch einer, der beim ersten Mal zu den Letzten gehört hatte, warum auch immer, war jetzt bei den Ersten. Und wenn es nur Zufall war. Und wer beim ersten Mal sich ähnlich entschieden hatte wie dieser und jene, mußte dies jetzt noch lange nicht tun, denn es gab viel mehr Wahlmöglichkeiten als zuvor, auch wenn es auch diesmal nur zwei waren. Und man war ein wenig älter und hatte seine Erfahrungen gemacht, sehr unterschiedlich oder nicht. Mit unterschiedlichen Empfindungen allemal.

Nicht wenige entdeckten in sich einen Ehrgeiz, den sie nie vermutet hatten, nun, da man nicht mehr von oben erwählt wurde, sondern sich eher selber einsetzen konnte in die eine oder andere Karriere. Nun, da es nicht mehr um's Sein ging, sondern um's Haben. Andere verloren den Boden unter den Füßen, trieben ab in den Strudeln der Marktwirtschaft und den Kloaken der Bürokratie, weil ihnen die Ellenbogen nicht gewachsen waren, die man nun brauchte, ewig oben zu schwimmen und mitzulaufen. Auch Sylvi und ich trieben inzwischen wenn nicht völlig auseinander, so doch nebenher. Ich weiß, daß ich, wie alle Menschen in meiner Situation, zu Ungerechtigkeit neige. Ich bin der Gehörnte, der Verlassene, wähne mich betrogen, und also liegt es mir nahe genug, in gut und böse zu teilen, in unschuldig und schuldig. Wobei ich in der Aufteilung der Rollen keinen Zweifel aufkommen lassen will. Aber auch ich weiß, daß das Leben nicht gestreift ist: hier schwarz, dort weiß. Und daß Sylvi ein Recht darauf hat, sich anders zu entscheiden. Sogar für einen Bayern. Freilich, so hatte ich das damals nicht gemeint, als ich ihr gesagt hatte, daß sich jeder jederzeit anders, neu müsse entscheiden können. Von Bayern war nie die Rede, schon gar nicht von solchen mit BMW. Ich hatte mich damals, wenn ich es recht erinnere, in diese Brünette ein wenig verguckt, und Sylvi hat Zoff gemacht, weil sie irgend etwas gemerkt hatte. So sind die Weiber. Man theoretisiert ein bißchen vor sich hin, aus der Not heraus sozusagen, und sie entscheiden sich dann irgendwann später für einen Bayern und schmieren dir längst vergangene Geschichten und längst vergessene Sprüche aufs Brot ...

* *

Mit Männern war ich im Osten gut ausgekommen. Nicht daß ich homoerotische Neigungen empfunden hätte. Aber den einen oder anderen fand ich anziehend schön, und gelegentlich suchte ich auch die Nähe eines solchen Mannes. Da ich den Karriereleitern systematisch aus dem Weg ging, gab es Streit mit anderen Männern eigentlich nur, wenn es um Mädchen oder Frauen ging; man akzeptierte den anderen, seine Gewohnheiten und Ansichten, wie man auch selbst akzeptiert wurde. Man war auf dem Feld der Arbeit hundertmal mehr Kollege als Konkurrent. Imponier- und Dominanzgehabe zum Zweck, sich den anderen überlegen zu zeigen, war einfach unnötig. Auch in bezug auf die Kolleginnen mußte ich als Mann nie das Gefühl haben, sie zu verdrängen oder nicht zum Zuge kommen zu lassen.

Das sollte nun alles ganz anders werden. Willst du überleben in der Marktwirtschaft, mußt du Ellenbogen ausfahren, dir Solidarität abschminken, zunächst deine egoistischsten Interessen ins Auge fassen und jede Schwäche deines Konkurrenten im Kampf um Arbeit und Position ausnutzen. Die Schwäche der Frauen ist, wenn sie Kinder haben, allemal ihre Mutterschaft. Alles andere ist pfäffischer Schmus. Ich finde es irgendwo schon wieder witzig – so fies das Prinzip auch ist –, daß vor allem Männer mit einem Einkommen von achtzig bis vierhunderttausend DeMark im Jahr dem Volk der Durchschnittsverdiener und Einkommensschwachen via TV die solidarischen Sprüche an den Kopf knallen. So ein Fernsehredakteur oder Moderator zum Beispiel, der Zehntausend im Monat hat oder mehr, oder die Bundestagspräsidentin, irgendein Bischof oder gar der Kanzler, der es auf Vierzigtausend bringt. Sie alle machen dir tagtäglich vor, daß du ein egoistisches Schwein sein mußt, um in der großen Öffentlichkeit über solidarisches Verhalten faseln zu dürfen. Jeder von denen hätte die Möglichkeit, auf einen Schlag privat 5 oder 10 Obdachlose aufzunehmen und durchzufüttern – oder?

* *

Es hat ja nicht lange gedauert, bis nach dem ersten Schreck, den die Auflösung der DDR auf beiden Seiten verursacht hat, das männliche Rollenspiel des Westens auf uns kam. Einerseits galten wir Ostmänner nun den westlichen plötzlich als Konkurrenten. Andererseits breitete sich das westlich-männliche Aufplustern und das In-Pose-Schmeißen auch im Osten aus. In Windeseile. Allerdings waren nicht alle hiesigen Geschlechtsgenossen im selben Maße anfällig oder fähig, dieser Epedemie zum Opfer zu fallen.

Man erinnere sich, welche Schockwirkung es auf Millionen und aber Millionen Westmänner hatte, daß sich nun PKWs der westlichen Marken zunehmend in Osthand befanden, wenn auch vorzugsweise als Schrottedition. Womit wir wieder beim Thema Auto sind. Das ging ja schon vor der Währungsunion los. Überlegenheitsgefühle zerrannen wie Butter auf einer heißgelaufenen Bremsscheibe. Die ersten wesentlichen Zweifel an den Vorzügen der Vereinigung mit den 16 Millionen Asylbewerbern östliche der Elbe, wie man die Ostelbischen nun scherzweise des öfteren nennen hörte, standen im Raume, begannen zu wachsen und ihr Eigenleben zu führen.

Das waren noch Zeiten, als der allerletzte Versager aus dem Westen in die DDR fahren, hier den dicken Max markieren und mit ein paar Sprüchen und billigen Geschenken die schärfsten Weiber abschießen konnte! Noch heute gelten die Ostfrauen den Westmännern als genügsam und bescheiden, schätzt man an ihnen, daß sie mit anpacken, wenn nötig. Wieviel ansonsten sich selbst verbietende DDR-Nostalgie doch unter diesen Westlern zuweilen noch kursiert!

Nicht wenige Männer im Osten hatten damals, zu DDR-Zeiten, Schwierigkeiten, mitansehen zu müssen, wie sich die taubsten Westnüsse die Rosinen aus dem Mädchengewächshaus DDR pickten. Daß es selten zu eruptiven Auseinandersetzungen gekommen war zwischen den Konkurrenten, hat wohl weniger an der Polizeipräsenz im Osten oder am geheimen Ministerium gelegen, als vielmehr daran, daß im Osten eher die Männerexemplare betroffen waren, die einer traditionelleren Männerrolle anhingen. Ihr Sexualneid wurde in der Regel dominiert und in Schach gehalten von den männlichen Statussymbolen, mit denen sich die Westler als deutlich überlegen auswiesen: Auto, DeMark, Habitus. Da blieb dem Ostmännchen nichts, als zu kuschen und dem Unvermeidlichen zähneknirschend zuzuschauen. Seinen Kummer ersäufte er stilgerecht und in typisch östlicher Beschränkung im Alkohol.
Jedenfalls war die erotisierende Wirkung der Staatsgrenze der DDR nicht zu übersehen. Auch und gerade im nachhinein wäre eigentlich darüber zu reden, wieviele Menschen die Mauer zusammengebracht hat, die sonst niemals auf die Idee gekommen wären, zueinander zu finden. Paarbildungen zwischen Ost und West haben seit Ende 89 sprunghaft nachgelassen, wie aus seriösen Quellen verlautet. Von Eheschließungen ganz zu schweigen. Auch darüber berichten die wertfreien Medien in aller Objektivität herzlich wenig. Wer bestimmt eigentlich, daß das nicht interessiert? Josef Goebbels Nachf. GmbH & Co. KG?
Wie auch immer. Wie von unsichtbarer Hand gewiesen und einem Metaweltgeist gehorchend, orientierten sich die Männer der deutsch-westlichen Welt innerhalb und außerhalb der Medien weg von den Mädchen und Frauen der DDR bzw. der Fünfneuenländer hin zu denen aus Polen, Tschechien, der Slowakei, Ungarn, Russland, Weißrussland, der Ukraine. Wenn sie nicht gerade zur Abwechslung ein wenig Exotik genießen. Mit der Strumfhose, die vor ein paar Jahren noch so viel Eindruck geschunden hatte, ist nun hier kein Blumentopf mehr zu gewinnen, geschweige denn ein weibliches Beinpaar, und so orien-

tiert man sich halt nach anderswo. Und selbst auf dem Strich scheinen die Ostmädels seit 1990 dazugelernt zu haben, von ihren Westkolleginnen zuweilen auch unsanft zu quasigewerkschaftlicher Solidarität ermahnt. Man hört über die Medien nichts davon, daß auf diesem Wirtschaftsgebiet nur 80 Prozent gelöhnt würden... Na bitte! Da sage noch einer, frau könne sich nicht verwirklichen in der Marktwirtschaft! Vielleicht ist ja die Prostitution überhaupt der Wirtschaftszweig, in dem die deutsche Einheit vorbildlich vollzogen wurde, sozusagen als Koitus interregio. Oder so ähnlich. Vielleicht sollten die Frauen, die endlich hundertprozentige Bundesbürgerinnen sein wollen, Prostituierte werden. Vielleicht ist Prostitution überhaupt eine Grundvoraussetzung, hier und heute erhobenen Hauptes teilzuhaben an den Selbstverständlichkeiten, Extragenüssen und -ergüssen dieser Gesellschaft, gleich in welchem Beruf. Wozu das blitzschnelle Vergessen eines Lebens gehört, das ohne Prostitution auskam. Jedenfalls im wesentlichen. Wozu die Anerkenntnis gehört, sich Gesellschaft ohne Prostitution gar nicht vorstellen zu können, schon gar nicht als freie. Wozu gehört, daß auch Frauenrechtlerinnen bestenfalls die Bedingungen der Prostitution und diese für die Huren in Frage stellen, nicht das Prinzip als solches. Schließlich brauchen auch Frauenrechtlerinnen Auftritte in Talkshows. Und da weiß man doch, was sich gehört! Fehlt eigentlich nur noch die Aufnahme der Prostitution als grundlegendes Menschenrecht ins Grundgesetz und in die UNO-Menschenrechtscharta, womit einmal mehr bewiesen wäre, wie unfrei wir früher gelebt haben. Was zu beweisen war. Und immer wieder ist.

* *

Ich weiß, was sich gehört. Jedenfalls mühe ich mich, es zu wissen. Und ich wußte es, als Sylvi mit zwei Karten kam. Ausgerechnet zu mir! Sie hatte es seit Wochen vermieden, mich in irgend etwas einzubeziehen, sei es beruflich, sei es privat. Und diesen Höhepunkt hätte sie doch gut und gerne mit einer ihrer Frauen begehen können! Dahinter steckte sicher, daß der Anlaß ein höchstoffizieller war, und die Paarbildung in der Öffentlichkeit der besseren Kreise heterosexuell zu erfolgen hat. Das galt auch für eine »unabhängige« Frau.

Es waren Karten zur offiziellen Vereinigungsfeier im Reichstagsgebäude, und ich sollte mich gefälligst entsprechend herrichten. Es sei für sie von enormer Wichtigkeit, sich dort vorteilhaft zu zeigen, und sie könne es sich nicht leisten, dort mit mir unangenehm aufzufallen. Meine Einwände, daß sie sich dann doch einen anderen suchen solle, bei dem sie die Gewähr hat, daß alles glattgeht, wurden von ihr sofort als typisch männliche Logik eingestuft und demonstrativ überhört. Es half mir also nichts und niemand.

Ich mußte sogar mit ihr los, einen Anzug kaufen, Schuhe, Hemd, Schlips und was sonst noch zu einer solchen offiziellen Staffage gehört. Das muß ich ihr lassen: Geschmack hat sie – wenn ich den Bayern hier einmal ausklammere. Wie sie das so zusammenstellt, auch farblich, da steht unsereins doch immer als eher farbenblind da.

Abends sind wir dann hin. Schon weit im Vorfeld war kaum noch ein Durchkommen mit dem Auto, das wir dann irgendwo abstellten. Zu Fuß ging es weiter. Eine Abkürzung quer über ein mit Baumaterialien übersätes Grundstück. Ich glaube, es war irgend eine Investruine, an der schon ein Dreivierteljahr nichts mehr gebaut worden war. Das kostete Sylvi fast den Absatz. Ich durfte mein Taschentuch opfern, um die Schuhe wieder einigermaßen geputzt erscheinen zu lassen.

Dann kamen die Sperren. Das Volk, das zum Teil schon recht benebelt war in alkoholisierter Freude, drängte gegen die erste Kette der Uniformierten und begehrte ebenfalls Einlaß. Aber wenn das Gebäude auch die großen goldenen Lettern trägt DEM DEUTSCHEN VOLKE, hieß das noch lange nicht, daß es auch hinein durfte. Es ist ihm zum Anschauen gegeben, zu nicht mehr. Wir durften hinein, denn wir hatten Sylvis Eintrittsbillets. Komisch, früher hätte ich mir schon wegen eines weit geringeren Privilegs als dem, zu diesem höchstoffiziellen

und handverlesenenen Publikum zu gehören, Vorwürfe gefallen lassen müssen. Wenn nicht, hätte ich sie mir eben selber gemacht. Ich wandelte als Begleitung dieses attraktiven Gastes ohne das mindeste schlechte Gewissen durch die hochherrschaftlichen Säle des Reichstages, nahm mal von diesem Tablett, mal von jenem – und war fremd. Ich sah mir die Herren mit ihren Damen an und stellte fest, daß sie anders aussahen als wir. Einer der Momente, da ich wieder einmal darüber nachsann, wie sich Herkunft wohl ins genetische Programm des einzelnen brennt und somit auch ins Gesicht schneidet.
Ansonsten war man sehr kultiviert, distinguiert und strahlte, dem freudigen Anlasse entsprechend, eine aristokratische Feierlichkeit aus, in die wir gewiß nicht so recht paßten. Sylvi traf zwei oder drei Bekannte aus ihrem politischen Leben, die sich mindestens genauso fremd fühlten. Das war's. Sie schien irgendwen zu suchen, einen ganz bestimmten Zufall herbeiführen zu wollen. Ich habe nie aus ihr herausbekommen, welcher es war. Die ganze Aufregung war wieder einmal umsonst, wie immer, nur daß ich früher noch eingeweiht worden war in die Gründe.
Um Mitternacht standen wir, als hätte es das Protokoll arrangiert, auf einem der Balkone, auf dem sicher schon der deutsche Kaiser gestanden hatte, Bismarck, und all die andern Rechtsvorgänger. Drinnen herrschte immer noch ein Ton gedämpfter Vornehmheit. Nur eine Minderheit interessierte sich für das, was draußen vorging.
Die Feuerwerkskörper machten die Nacht zum Tag und setzten weitleuchtende Zeichen, daß diese Nacht eine Zeitenwende sei. Wie sonst die Jahre, so wechselten hier Epochen. Das Fahnenmeer sorgte ebenfalls für Überschwang, und zwar für schwarzrotgoldnen. Auch die Reichskriegsflagge war dabei, damals von den Siegern der Geschichte noch wohlwollend-freudig bemerkt, woran sich später keiner mehr erinnerte. Und erst das Volk! Es volkte inzwischen volltrunken, fast wie beim Fußball, vor den verschlossenen Türen der mächtigen Machtbastion.

Geschichte geht eben doch manchmal, wie es im Geschichtsbuch steht: Drinnen diskutieren die Eliten über Macht- und sonstige Strategien, während draußen das Volk, der große Lümmel, das Deutschlandlied lallt. Wenigstens ein bis zwei Zeilen.
Wir, Sylvi und ich, stehen auf dem Balkon, und ich halte die Gelegenheit fest. Was für andere der Hauch der Geschichte sein mag, der sie einen Moment lang umweht und den es auszukosten gilt, ist für mich die Chance einer sinnlichen Erfahrung: Wie klein und beherrschbar dieses Volk doch aussieht, von den Balkonen der Macht betrachtet! Wie überlegen man sich fühlen kann, wenn man von oben herab nüchtern besieht, was dort unten trunken feiert. Der kleine Mann hat sich bunt ausstaffiert und tanzt grölend eine Allemande, während hier oben eine zurückhaltende Feierlichkeit getragen wird. Der kleine Mann in doppelter Bedeutung; wie beim Fußball sind Frauen kaum dabei, hier oben gehören die Gattinnen und Kolleginnen durchaus dazu, wenigstens optisch. Noch wird er wohlwollend betrachtet, der kleine Ossi, der fahnenschwenkend die Szene dort unten beherrscht und doch nur beherrscht wird. Wieder einmal macht er einen folgenschweren Fehler, dieser preußische Untertan, und er merkt es, wie immer, nicht.
Immer und immer wieder, ebenfalls wie beim Fußball, findet das Stimmengewirr dort unten einen gemeinsamen Text und eine halbwegs einheitliche Stimmlage. Sehr deutsch hallt von den gegenüberliegenden Mauern wider, was das nationale Herz erfreut. Der gemeine Mann macht sich seine Reime auf die große Politik der Vereinigung und belastet damit nicht sein Gemüt. Er trägt das dumpfbeschwingte Herz auf der Zunge; die ist schon ein wenig schwer und vermag den hehren Inhalten nicht mehr unbedingt ästhetisch zu entsprechen. Unter allen deutschen Rufen hat Klein-Ossi heute am liebsten genau einen. Er ruft ihn immer und immer wieder. Es ist ein Name, genauer gesagt ein Vorname.
Als ich das erste Mal vom Balkon herabschauend diesen Ruf höre, durchzuckt es mich. Wie von einem Blitz getroffen stehe

ich da und kann kaum fassen, was dort unten abläuft. Haben denn die bisherigen Tiefschläge und Eigentore der Ostler noch nicht gereicht? Mußte das wirklich auch noch sein? Reichte es noch nicht, alle wirklichen Verhandlungspositionen von vornherein sich gegenseitig aus den Händen geschlagen zu haben? Wie betäubt stehe ich da, und doch dringt immer wieder dieser Vorname, gegrölt von Tausenden, an mein Ohr. Und sie wissen nicht, was sie tun. Und erst recht nicht, was sie rufen.
Mir war sofort klar, daß der Angehimmelte sich für diese Art des Zeigens von Zuneigung und Verehrung bitter bedanken würde. Stammte doch das Ritual, das Führungspersonal beim Vornamen zu rufen, aus der Arbeiterbewegung und war auch im Westen zumindest bis zu Willy Brandt noch Sitte. Auch als er schon volksparteilich mehrfacher Millionär war. Die kleinen doofen Ossis tauschten den bösen Erich einfach gegen den guten Helmut aus, ohne zu merken, welch katastrophalen Fehler sie damit machten! So schmachvoll war der Sieggewohnte, dieser protokollbewußte Kanzler wohl noch nie behandelt worden, und nur die Gewißheit, sich soeben ins Geschichtsbuch eingeschrieben zu haben, ließ ihn diese tiefe Verwundung politisch und menschlich überleben. Spätestens jetzt hatte er seine neuen Untertanen erkannt und politökonomisch abgeschrieben! Spätestens jetzt wurden im Kopf des Kollosses aus O. die Weichen für den Crash-Kurs der ostdeutschen Provinzen gestellt, soweit es dazu noch eines Vorsatzes und seines Willens bedurfte. Er würde sich bitter rächen, das konnte ihm von der Stirne lesen, wer nur ein wenig mit ihm fühlte. Diese Schmach! Als konservativer Kanzler gerufen zu werden wie jeder x-beliebige Proletenführer, diese Schmach, von seinen Ostfans einfach auf den mickrigen Sockel gestellt zu werden, von dem sie mit seiner Unterstützung gerade erst den Honecker geschubst hatten! Vieles ließ sich entschuldigen mit der Unkenntnis der Ossis: Ihr kleiner mieser Proletengeschmack, der an ihnen klebt aus den so gern gelispelten »vierzig Jahren Diktatur und Mißwirtschaft« und mit dem sie nun die Bundesrepublik zu infizie-

ren begannen, die wahltaktisch notwendige Adoption der Ost-CDU. Bärbel Bohley und fast alles andere konnte er den Ossis irgendwie durchgehen lassen. Aber das nicht! Sie merkten nicht einmal, was sie taten! Sie riefen seinen Namen wie sie weiße Tennissocken zu dunklen Hosen und Schuhen tragen. Wenn das Rufen seines Namens zunächst eine Geschmacklosigkeit war unter vielen, war es doch eine, die sich tief in sein Gefühlsleben bohrte. Und nur sein unbedingter Wille zu Macht und Sieg halfen ihm, seine äußerliche Gelassenheit und den so oft geübten Blick in die von ihm selbst verheißene stolze Zukunft für die Kameras der Welt zu bewahren ...

* *

Noch fällt es mir einigermaßen schwer, die Frauen nicht als das zu sehen, was sie in dieser Männergesellschaft jetzt sind per Anwendung des Grundgesetzes, per höchstrichterlicher Rechtsprechung und natürlich als Produkt von Werbung und Knallbumsaction- und Gewaltfernsehen. Ich werde es lernen müssen und kann für mich nicht garantieren, daß ich nicht folgerichtig dorthin fahre oder gehe, wo sie stehen und auch auf mich warten, wenn ich Geld mitbringe. Daß ich nicht das tue, was auch etliche meiner Geschlechtsgenossen-Ost inzwischen schon getan haben, was im Westen, schon gar unter den besseren, moralischen Herren, sowieso zum guten, verschwiegenen Ton gehört. Ich halte es durchaus für möglich, daß auch ich mir eine kaufe. Für den Moment oder für länger. Das wird ein schlimmer Augenblick. Aber ich muß es ja nicht merken, wenn es erst soweit ist.

Was ich mir kaufen kann, ist mir nicht ebenbürtig. Nicht, daß ich selbst mich nicht verkaufen müßte auf dem Arbeitsmarkt. Ich bin darin nicht reiner als jede x-beliebige Prostituierte. Aber ebenbürtig bin ich nur denen, die gleich mir gekauft sind. Derjenige, der mich kauft, kann mich verachten, wie ich zu ihm aufzusehen und danach zu streben habe, seine Position einzunehmen. Wie er auf mich herabsieht, muß ich herabsehen auf einen Menschen, den ich ebenso kaufen kann wie er mich.

Diese Lektion lerne ich tagtäglich, und die systemtragenden Männer und Vorzeigefrauen lächeln zustimmend von den Wahlplakaten herab; ihre stumm versprechenden Lippen flüstern mir zu: richtig so! Auch das habe ich schon gelernt: daß die Frauen, die als Regierungs- oder Treuhandchefinnen der westlichen Welt firmieren, keine Frauen im Sinne des Problems sind. Sie sind eher noch perfektere, schärfere Männer und zudem Töchter ihrer Väter und oft als solche an ihre Posten gekommen. Wirken aber, da sich ihr männliches Tun und die Überbleibsel ihres weiblichen Aussehens einigermaßen aufheben, geschlechtslos.
Ich habe noch nie einen Menschen, nie seinen Körper gekauft, nie Zuwendung erzwungen, nie intimen Zugang als einen geschäftlichen Vorgang betrieben. Das Erfahren weiblicher Zuneigung, weiblicher Haut, aller Tiefen und Untiefen des weiblichen Körpers beruhte bisher auf bloßer Freiwilligkeit, auf Sympathie, auf unschuldiger Freude am Leben und an der Sexualität. Auf beiden Seiten – hoffe ich jedenfalls. Wie im Paradies. Ich habe Angst vor dem Moment, da ich mir Sex bei einer Frau kaufe. Ob für den Moment für ein paar zig DeMark oder für länger und die Inanspruchnahme der Splittingtabelle. Und meine Angst ist begründet genug. Der Markt sorgt mit tausenden Gesetzen, Angeboten, Mechanismen dafür, daß es alles, wofür man Geld verlangen kann, bald anders nicht mehr gibt. Auch keine menschliche Partnerschaft. Und er fälscht die Worte, nennt »käufliche Liebe«, was doch nur käuflicher Sex ist, nennt Nächstenliebe, was gewissenserleichternder Ablaßhandel zugunsten der beiden großen Sekten und einiger ihnen angeschlossener tränendrückender Fersehshows ist. Der Markt tötet die Liebe zwischen den Menschen schon, indem er ihr das Wort stiehlt.

* *

Sylvi war inzwischen überhaupt nicht mehr ansprechbar, der Wahlkampf war in seine heißeste Phase gelangt. Alles schien offen, und also malten sich Syvi und ihre Mitkämpferinnen mit kleinem i die herrlichste bundestägliche Zukunft aus. Die eine oder andere Verräterin war schon vom Schiff gegangen und auf einem als sicher eingeschätzten Listenplatz einer Partei mit roten Initialen, aber ohne C im Namen, untergekommen. Das Wort von den Ratten und dem sinkenden Schiff verkniffen sie sich. Selber waren sie ein Wahlbündnis eingegangen, und es kam für ihr Frauengewicht in diesem Bündnis heftig genug darauf an, welches prozentuale Ergebnis erzielt werden würde. Immerhin waren ja auch im Osten über 50 Prozent der WählerInnen Frauen, und es schien logisch genug, daß sich ein Gutteil dieses Wählerpotentials für die junge, moderne, originäre Frauenvertretung entscheiden würde. Da ließen sich schon die Prozente zwischen 5 und 15 in die Zukunft malen, wie auch die prospektive Entwicklung des ganz privaten Kontos; die monatlichen Bezüge eines Mandatsinhabers waren für eine Ostlerin damals traumhaft und sind es für die meisten immer noch. Mit dem Traum von solchen Summen ließ sich der Schmerz über den Verlust des Paradieses schon ein wenig betäuben.

Ich merkte immer mehr, wie sehr unsere neue Art zu leben mir nicht gemäß war. Wie sehr die DeMark immer tiefer auch in mein privatestes, biologisches Leben eingriff und einfachstes, normalstes, menschliches Dasein verhinderte. Alles verkomplizierte sich zusehens. Unsichtbare und sichtbare Schranken schoben sich immer unüberwindlicher zwischen mich und Menschen, die mir jahrelang lieb und teuer waren. Die neuen sozialen Unterschiede säten Mißtrauen, Unsicherheit, Überlegenheits- und Minderwertigkeitsgefühle. Die Sorgen und Probleme stahlen mir und den Menschen um mich die Zeit, einander zu sehen, zuzuhören und zu verstehen. Die Zuordnungen zu dieser oder jener Partei zwangen uns die tradierten und neuen Streits des westlichen Politikspiels auf, verformten die Wörter, die gestern noch allgemeinverständlich waren, zu phraseologischen Gemeinplätzen, die jeder immer wieder anders verstehen kann. Wo gestern noch das politische oder auch privateste Gespräch in einer Geborgenheit des einander Kennens

ein Gefühl von menschlicher Nähe und Zusammengehörigkeit vermittelte, stand der oder die einzelne plötzlich in einem offenen, freien Raum, umgeben von Verdacht und Konkurrenz, mit jedem Wort um die Existenz fürchtend. Die Bänder zwischen den Menschen, auch zwischen Frauen und Männern, auch zwischen Sylvi und mir, die in ihrer bisherigen Lebenszeit geknüpft waren und wesentlich aus den gemeinsam gemachten Erfahrungen bestanden, zerrissen und wurden zerrissen, indem die Vergangenheit dem Zugriff und der Interpretation derer entzogen wurde, die sie ge- und erlebt haben. Sie kam unter staatliche Verwaltung, wurde ein Objekt auflagensteigernder Ausschlachtung und ein Instrument der Ausschaltung mißliebiger Konkurrenten; das private Erinnern wurde immer schwieriger und vielen bald unmöglich.
Auch Sylvi und ich erinnerten uns zunehmend anders. Sie träumte nun von einem Achtzehntausendmarkjob und redete immer öfter so, als hätte sie ihn schon. Sie hatte noch in der Endphase des Wahlkampfes einen Spitzenplatz für ein Bundestagsmandat ihres Verbands angetragen bekommen und selbstverständlich zugegriffen. Sie übte Tag und Nacht, weil die traumwandlerische Beherrschung der repräsentativdemokratischen Vokabeln zu den Grundregeln im Wirtschaftszweig Parlamentarismus gehört. Wie man und frau in jedem anderen Dienstleistungsbereich den Grunderfordernissen entsprechen muß, um überhaupt eine Chance zu haben, so eben auch hier. An ihrem Aussehen gab es zwar schon das eine oder andere auszusetzen – der Streß und die Verbissenheit waren ihr frisch ins Gesicht geschrieben. Andererseits durften die auch äußerlichen Merkmale ihrer Mutation zur Karrieristin sie auf eine Karriere hoffen lassen.
Wie mir einmal eine ihrer Freundinnen unter dem Siegel der Verschwiegenheit verriet, hatte sie sogar unter einem der Westmänner gemäßigt alternativer Richtung einen Verehrer, der ihr ihre Vorzüge die Politik betreffend des langen und breiten um den Mund geschmiert haben soll. Sie hat sich wohl nicht

schnell genug entschieden, mit ihm zu schlafen, da hat er dann einer ihrer Kolleginnen dasselbe erzählt. Die hat von ihm jetzt ein Kind, und er denkt gar nicht daran, sich scheiden zu lassen von seiner Frau. Von wegen Besitzstand usw. Wie das Leben alternativ so spielt.

Sylvi setzte alles auf eine Karte. Die trug nicht meinen Namen, also war ich endgültig aus dem Spiel. Die wenige Zeit, die wir uns nun noch sahen, klärte sie mich auf über das »Unrechtsregime« DDR, über die parlamentarisch-repräsentative Demokratie, Subsidiaritäts- und all die anderen Prinzipien und Merkwürdigkeiten, mit denen sich zu identifizieren sie sich allzu fest vorgenommen hatte. Sie war nicht die einzige ihres Zirkels, die zu diesem Zeitpunkt noch vorsichtig austestete, ob sie statt zum Neuen Forum vielleicht doch zur CDU tendieren sollte. Ihr Instinkt funktionierte wieder einmal zuverlässiger als ihr Kalkül; er hatte das Wahlergebnis vorweggenommen.

* *

Es kam, wie es kommen mußte. Die Seifenblasenträume platzten, es wurde nichts aus dem Mandat. Und auch die alternativen Männer, die sich eine »unabhängige« Frau leisten mochten und konnten, schienen plötzlich vom Erdboden verschluckt. Dabei waren doch nicht wenige bis zum Wahlabend so aufmerksam, so nett, so kooperativ ihr gegenüber gewesen. Sie gehörte zu den Verlierern dieser und damit nicht nur dieser Wahl. Sie saß am Wahlabend in einer Ecke, trank, mit verschwommenem Blick in die Zukunft, vergnatzt Rotwein und Gin und Manhatten und überhaupt alles durcheinander. Der Sieg der anderen hatte sie, wenn schon keine glänzende, so doch eine sichere Zukunft gekostet, wenigstens für die nächsten vier Jahre; mit dem Mandat war es nichts, und den Job bei ihrem Verein hatte sie wegen der Kandidatur aufgeben müssen. Da saß nun eine andere drauf. Sie hatte gespielt um alles oder nichts. Das hat sie bekommen.

Wir sprachen an diesem Abend das erste Mal seit Monaten wieder länger als fünf Minuten zusammenhängend miteinander.

Ich versuchte, sie ein wenig zu trösten, obwohl ich wußte, daß es zwecklos sein würde. Mit ihr zu sprechen war, wie jemanden treffen, den man früher einmal sehr gut gekannt hat. Vielleicht in der Schulzeit. Man weiß es noch, kann es aber nicht mehr verstehen. Das Bild, das man von dieser Freundschaft in sich trägt, ist so schön wie alle anderen schönen Erinnerungen der Jugendzeit zusammen, aber es will so ganz und gar nicht zu diesem Menschen passen, in dessen Gesicht und in dessen Worten man verzweifelt sympathische Züge und Gemeinsamkeiten sucht, aber nicht finden kann. Wir blieben bis fast zum Schluß, und ihr Lächeln, das sie aufsetzte, wenn Mitbewerber und Konkurrenten ihrer und der anderen Parteien ihr Trost zusprachen, wurde immer verkrampfter. Es kamen nur Sieger, Leute, die es geschafft hatten und die nun ihren Sieg auskosteten. Unter anderem dadurch, daß sie sich den Verlierern gegenüber jovial zeigten. War die Niederlage an sich schon deprimierend genug, vernichtete dieses aufgesetzte, falsche Mitgefühl erst recht. Typisch für dieses Konkurrenz-System. Ebenso typisch, daß die Verlierer jeder für sich in ihrer Schmollecke blieben und diese Demütigungen schweigend oder schlecht den guten Verlierer spielend entgegennahmen.

* *

Das war das Ende von Sylvis politischer Karriere. Und es war das Ende unseres gemeinsamen Weges durch dieses einmalige Leben. Wir sind dann noch zusammen nach Hause gegangen. Ich habe ihr geholfen, sie ausgezogen und ins Bett gelegt.

* *

Zwei Wochen später lud sie schon ihre wichtigsten Sachen in den BMW mit Münchner Kennzeichen. Sie war kaum wiederzuerkennen. Alles Emanzige und Verbissene war von ihr gewichen und hatte einem Frauentyp Platz machen müssen, der mich ein wenig an Waschmittelwerbung erinnerte. Natürlich wirkte ihre neue Verkleidung noch ein wenig unecht. Aber sie wuchs in atemberaubendem Tempo hinein. Denselben Effekt hatte ich kurz davor schon einmal erlebt, als eine Bekannte beim DFF, die ich als typische junge DDR-Frau gekannt hatte, ungekünstelt mit natürlichem, offenen Haar damals, nun Fernsehwerbung moderierte. Man hatte ihr zu diesem Zweck eine rötliche Dauerwelle aufgesetzt. Sylvis Dauerwelle war nicht aufgesetzt, die war nagelneu und echt, und es war komisch und bitter zugleich.

Ich habe nie erfahren, wo sie ihren Bayern in der kurzen Zeit her-, wie er sie oder sie ihn rumgekriegt hatte. In früheren Zeiten wäre es jedenfalls unvorstellbar gewesen, daß Sylvi sich auch nur innerhalb eines halben Jahres so eng an einen Mann gebunden hätte, daß sie ihm auf die Bude gerückt wäre. Bei diesem war sie nach kürzester Zeit sogar bereit, in eine andere, weitentfernte Stadt zu gehen. Das haute mich schon einigermaßen um.

Soweit ich es mitbekam, war sie voll und ganz damit beschäftigt, sich auf ihre neue Rolle vorzubereiten: die einer gutbürgerlichen Frau und Mutter. Sie las jede Menge Ratgeber für den Haushalt, auch sonst lagen in ihrem Zimmer – und nicht nur dort – genau die Zeitschriften in rauhen Mengen, die noch Wochen vorher, schon aus beruflichen Gründen, verpönt waren. Das Leben als Job; man oder frau identifiziert sich von einem Moment auf den anderen mit all dem, was zum Gelderwerb und für die Versorgung mit dem Lebensnotwendigen und den Extras notwendig ist.

So richtig sauer sein konnte ich auf den Bayern gar nicht, den ich flüchtig als etwas unbedarften, netten Kerl kennengelernt habe. Wenn mich meine Menschenkenntnis nicht trügt, ist das ein braver Geldverdiener, der eine Frau braucht, wie Sylvi sie jetzt sein wollte. Denkt er jedenfalls. Für sie war es offenbar nur noch wichtig, daß sie versorgt war. Wenn das eine Partei- oder Politikkarriere nicht leistete, dann mußte es eben ein einzelner Mann tun. So einfach war die Rechnung unter den gegebenen Umständen, für die Sylvi nun wirklich nichts kann.

Mir bleibt die Erinnerung an die Rücklichter des BMW. Und von der Szene, wie er ihr die Tür aufriß, worauf sie mir einen Blick hinwarf, der etwa sagen mochte: Siehst du, hättest du einen BMW und mir jemals so den Hof gemacht und die Tür aufgerissen, hätte es nicht so mit uns enden müssen! Es war wie im Film. Es war lächerlich. Nicht gerade Hollywood, eher Schwarzwaldklinik: Nach all den Jahren emanzipatorischer Verirrung hatte sie nun endlich das Wahre gefunden, ihren Prinzen, der sie mit hundert Schimmeln unter der weißen Haube aus Blech mitnahm auf sein heimatliches Schloß. Wenn nicht das eine Extrem, dann eben das andere, sagte auch hier wieder einmal das Leben, schloß diese Geschichte ab und ließ mich zurück als den Verlierer, der immer noch verloren im Schlußbild herumsteht.

* *

Das war die Geschichte von Sylvi und mir, genau 16 Biere lang, wie Sie an den Strichen auf meinem Bierdeckel nachzählen können. Verklärt, erzählt und zu Protokoll gegeben im Jahre IV all jener, die erst 1990 zur Welt kamen und sich an fast nichts davor erinnern können. Dabei war ich früher nicht der Kerl, der in der Kneipe hockt und Weibergeschichten zum besten gibt. Panta rhei, alles fließt, das Leben und der Gerstensaft, jenes erst recht mit diesem. Wen stört's schon, daß das Zusammenkommen der Deutschen aus Ost und West bewirkt, daß Männer und Frauen auseinander- bzw. kaum mehr natürlich zusammenfinden? Wen stört's, daß Männer und Frauen sich geschlechtsspezifisch zu orientieren haben an martialischen und sexualitätsfeindlichen Vorbildern, die dem Leben überall und immer öfter im Wege stehen: Da ist dieser Mann, der angeblich für mich gestorben ist und doch wieder nicht, den man vor zweitausend Jahren zu Tode gequält hat und heute noch nicht ruhen läßt. Denn er wird mir vor Augen gehalten, weil man mir im Namen seines Blutes und seiner angeblichen Qualen sagt, wie ich leben soll. Und wenn ich es nicht will, steht es trotzdem im Grundgesetz, und man baut und unterhält seine Tempel trotzdem auch von meinen Steuern. Da ist diese Frau, die ein Kind bekommen haben soll, ohne je vorher gevögelt zu haben. Und wer's glaubt,

wird selig, sagt man. Wer's glaubt, der kann noch weit unwahrscheinlichere Dinge erst recht glauben, sage ich: daß Eigentum verpflichtet, daß Chancengleichheit besteht, daß Frauen und Männer gleichberechtigt, daß Christen Christen sind und christliche Parteien christliche Parteien. Und daß alles so kommen mußte und Sylvi nun das gefunden hat, was sie schon immer gesucht oder doch wenigstens gebraucht hat.
Nein, ich glaube nicht, daß sie zurückkommt. Ich hoffe es nicht einmal, obwohl ich nichts und niemanden habe, mich über ihren Verlust wirklich hinwegzutrösten. Die Jobs und die Frauen, die ich seither treffe, sind es jedenfalls nicht.
So wenig ich in der Vergangenheit lebe, so wenig ich in ihr leben möchte, so wenig möchte ich die Erinnerung an das Vergangene verleugnen oder, vom Ende her betrachtet, dunkel streichen. Ich habe die Streits mit Sylvi nicht vergessen, nicht ihr Gesicht, wenn sie gemein zu mir war. Aber wäre ich so lange mit ihr zusammengewesen, wenn es dieses Gesicht gewesen wäre, das ich über Jahre angesehen habe? Wir haben zu neunundneunzigkommaneunsieben Prozent einfach nur gelebt, wie es die Wahlergebnisse immer aussagen wollten, und wir brauchten nicht die westlichen Rituale, um uns dessen sicher zu sein. Wir haben geliebt und waren fröhlich miteinander. Wir hatten Probleme und Sorgen, waren krank und gesund, haben gefeiert und fuhren ins Paradies. Wir gehörten zueinander, ohne daß wir einen schriftlichen Vertrag darüber abgeschlossen oder es einer Behörde gemeldet hätten. Kein Amt interessierte sich dafür, und unsere Familien, Freunde, Nachbarn und Kollegen wußten und akzeptierten es. Sogar der ABV. Wir haben gelebt, und es war gut. Wir haben zusammen gelebt, das war besser.
Inmitten des Jubels über falsche Versprechungen hat es uns auseinander getrieben. Wir sollen uns darüber freuen.

Katrin Rohnstock

DEUTSCH-DEUTSCHE VEREINIGUNG DER SINNLICHKEIT

Auch über die Mauer hinweg paarten sich Männer und Frauen massenhaft. Trotz der Mauer, wegen der Mauer. Immer war auch ein Fünkchen Rebellion dabei gegen Gebote und Verbote. Die Erotik der Opposition. Kamen sie ganz zueinander, meist ging der Ossi in den Westen, so zerbrach in den meisten Fällen die Romantik und mit ihr die Liebe.

Dann vereinigten sich West und Ost auf Staatsebene.

»Wir haben den Akt, dessen Folgen ungewiß sind, gemeinsam vollzogen, nach langen Jahren frustreicher Sicherheitspartnerschaft. Inzwischen ist die kurze Hoch-Zeit orgiastischer Vereinigungsfeten vorüber. Nach dem Höhepunkt spürt man Erleichterung und Ermüdung. Die Braut, einst DDR-Volk geheißen, hat ihr zerdrücktes Ährenkränzchen aus dem Haar genestelt, fühlt sich, nun ja: ein bißchen am Ziel ihrer Wünsche (frau hat sich's immer etwas anders vorgestellt), ein bißchen verführt, ein bißchen gewaltsam in Besitz genommen. Sexisten nennen den Vorgang gelegentlich ›Vergewohltätigung‹.« (Konrad Weller. Das Sexuelle in der deutsch-deutschen Vereinigung)

Seitdem die Mauer gefallen ist, hat sich alles in den deutsch-deutschen Beziehungen geändert. Jahrelang gewachsene Freundschaften zerbrachen, die Verwandten verloren ihren Reiz, die Liebschaften ihr Fundament. Die Erotik der Opposition verwandelte sich in die Erotik der Macht. Wie viele Ost-West-Liebesbeziehungen es gibt, ist schwer zu ergründen. Auf der formal registrierbaren Ebene der Ost-West-Eheschließungen heirateten 99,2% Ostfrauen Westmänner, aber nur 0,8% Westfrauen Ostmänner. Ein interessantes Phänomen, über dessen Erklärung hier nur spekuliert werden kann.

Frauen aus dem Osten, meist mit Kindern, wollen sich, trotz Benachteiligungen auf dem Arbeitsmarkt, nicht an den Rand der

Gesellschaft drängen lassen. Sie suchen nach finanzieller Absicherung und Zugangsmöglichkeiten zu Gesellschaft und Kultur. Geld ist seit der Vereinigung der Schlüssel für Theater, Oper, Restaurants. Die Erotik des Geldes.

Wodurch sind die Westmänner außerdem reizvoll? Sind sie auf andere Art »männlich«? Sie wirken erfahren, sie haben ihre Strategie im Umgang mit den Verhältnissen gefunden, sei es als »Hans Dampf in allen Gassen«, im Establishment oder in der Opposition, sie können die Frauen väterlich beraten. Sie verfügen oft über einen großen Wissensfundus in Politik, Wissenschaft und Zeitgeschehen. Sie können brillant analysieren und formulieren.

Was finden die Westmänner verführerisch an den Frauen aus dem Osten?

»Sie sind sinnlich«, »sie sind selbstbewußt«, »sie haben wenig Berührungsängste«, waren die Antworten, die meine Befragung von Liebenden einbrachte. Ein Physikprofessor aus München, der seit einem Jahr in eine Umsiedlerin verliebt ist und auch ihren Freundinnenkreis kennengelernt hat, veranlaßte das Nachdenken über Ostfrauen gar zu matriarchalischen Phantasien:

»Ich empfinde sie als lebensbejahend und lebenslustig, ja man könnte sagen: fidel. Sie sind geistesgegenwärtig und praktisch veranlagt, ohne dabei ins Pragmatische abzufallen. Ihre mütterliche Fürsorglichkeit im Alltag verbreitet eine unaufdringliche Atmosphäre von sinnlicher Geborgenheit. Sie sind weich und zugleich resolut, halten die Fäden in der Hand.« Das Auftreten seiner Geliebten und ihrer Freundinnen wirkt auf ihn als Herausforderung. Ihn beschäftigt der Gedanke, wie es wäre, wenn Frauen das Zepter der Gesellschaft in der Hand hätten. Durch sie bekommt er eine Hoffnung, daß es anders ginge als mit Männermacht, die er als dünkelhaft, kleinkariert und egozentrisch empfindet.

Warum aber ist die Anziehungskraft zwischen Westfrauen und Ostmännern so gering? Ein Rätsel. Erste Resultate meiner Recherchen, preisgegeben unter dem Vorbehalt der Vorläufigkeit: Die Westfrauen empfinden Ostmänner als unattraktiv, keine Ausstrahlung, grau, noch schlechter gekleidet als Westmänner. Sie passen in kein Männerbild, sind weder Fisch noch Fleisch. Aber wo sind die selbstständigen emanzipierten Frauen, die weder »Softie«, noch »Macho«, sondern einen gleichwertigen Partner suchen?

Ich fragte eine erfolgreiche und einsame Publizistin, wie sie Ostmänner sieht: »Ich habe keine Vorurteile, im Gegenteil, ich bin neugierig auf sie und denke, daß sie weniger egozentrisch und selbstsüchtig sind, also partnerschaftsorientierter und feinfühliger. Aber ich habe noch keinen Ostmann kennengelernt. Wo könnte das auch passieren. Auf Westberliner Feten tauchen sie kaum auf, und wenn, sind sie zurückhaltend und vorsichtig, in den Kneipen ebenfalls: schüchterne Freundlichkeit.«

Vielleicht liegt hier einer der Hauptgründe für das Nichtzustandekommen dieser Art von Ost-West-Liebesverhältnissen: Ostmänner verstehen sich nicht als »Eroberer«, sie »machen nicht an«, sie lernen kennen – und das braucht Zeit und Geduld, da sind die Zwischentöne wichtig.

Ein bekannter (westdeutscher) Psychotherapeut, den ich nach den Differenzen zwischen Ost- und Westmännern fragte, gab zu Protokoll:

»Die Ostmänner – lassen sie mich bloß mit denen in Ruhe. Die haben keine Ahnung, denen fehlt jegliches Bewußtsein, die haben keine 68er- und keine Männerbewegung gehabt. Die reden nicht, die reden einfach nicht. Die beherrschen nicht mal die Grundregeln der Konversation, geschweige, daß sie über sich selbst sprechen. Und wenn sie dann reden, kommt lauter Quatsch, völliger Unsinn zutage. Ich mußte mich in der Therapie von ihnen trennen, weil es nicht funktionierte mit ihnen.« – Daß das auch an westlichen Gesprächs- und Therapiemustern liegen könnte, daß Ostmänner auf sie weder reagieren können noch wollen, auf diese Idee kam der Therapeut nicht.

Welche Erfahrungen aber haben die Ostmänner mit Westfrauen, welche Gründe sehen sie für die Schwierigkeiten im Verhältnis zueinander?
Ein Kinderarzt, der es zweimal mit West-Geliebten versuchte, vermutet: »Wahrscheinlich sind es Vorurteile, die das Zusammenfinden von Westfrauen mit Ostmännern verhindern. Das im Osten herrschende Klischee von den Westfrauen ist, daß sie autonom seien, keine Beziehung brauchen oder anstreben. Sie seien ständig in Aktion, verteidigten hartnäckig ihren Freiraum. Das Vorurteil unterstellt, ihnen fehle ein Teil der Weiblichkeit. Sie seien unnahbar und anspruchsvoll. Vielen Ostmännern macht das angst. Sie denken: ›Ich kann der Frau nichts bieten.‹ Diese Minderwertigkeitsgefühle resultieren vor allem aus den Diffamierungen, die die Ossis in den letzten Jahren über sich ergehen lassen mußten. Inzwischen wandelt sich das Selbstverständnis, es wächst der Stolz, ein Ossi zu sein.«
Möglicherweise wird dieses wachsende Selbstbewußtsein dazu führen, daß sich Liebesverbindungen zwischen Ostmännern und Westfrauen knüpfen.
Fand der Arzt diese Klischees in seinen Begegnungen bestätigt?
»Ich möchte und kann nicht verallgemeinern. Von meinen Erfahrungen kann ich sagen: Den Frauen ist wichtiger, fünfzig Bekanntschaften zu haben, als einen guten Freund. Das hat mit dem gesellschaftlichen Bild zu tun, mit dem Druck, erfolgreich zu sein. Erfolg drückt sich in Quantitäten aus: das größere Haus, das größere Auto, der größere Freundeskreis. Aber wenn sie sich einmal verliebt hatten, so hielten sie krampfhaft fest, hatten Verlustängste, wie ich sie bei Ostfrauen nie kennengelernt habe, und kontrollierten mich. Die Auffassung von dem, was eine Beziehung ist, ist viel konservativer als im Osten. Der Treuebruch begann schon, wenn ich nur mit einer anderen Freundin Essen gegangen bin. Aber den größten Unterschied spürte ich beim Sex: Rein technisch fabrizierten meine Freundinnen Stellungen, da habe ich gestaunt. Als ich öfter mit ihnen geschlafen hatte, spürte ich, wie schwer es ihnen fiel, sich hinzu-

geben und zu genießen. Sie machen Sex unter dem Motto: ›Ich zeig dir, wie gut ich bin‹, und kontrollieren sich dabei enorm. Ich vermute, der Leistungsdruck der Öffentlichkeit wird mit ins Bett genommen.«

Die Gesellschaft ist zu einer »Kopf«-Gesellschaft geworden, in der ständig analysiert wird. Das verdirbt die Unbeschwertheit, die immer auch für Lust notwendig ist. Das allgemeine Bildungsniveau war noch nie so hoch wie heute; die Medien verbreiten unaufhörlich neues Wissen – neue Fakten, neue Theorien. Kein Bereich bleibt verschont, kein Tabu bleibt ausgegrenzt, auch die Erotik nicht.

Die Männer aus dem Westen interessieren sich für Ostfrauen, weil sie die Fähigkeit zur Hingabe haben. Erotik verführt geheimnisvoll. Erotik braucht das Geheimnis. Sie braucht das Ungesagte. Eine Gesellschaft, die alles beobachtet und analysiert, die aus jeder menschlichen Regung eine Theorie konstruiert, ist am Ende ohne jedes Geheimnis. Eine Gesellschaft, die wieder und wieder Tabus enthüllen muß, um neue Reize zu schaffen, ist am Ende ohne jeden Reiz.

Standhalten und Flüchten

Eigentlich wäre ich damals, im Frühjahr 1958, gern DDR-Bürger geblieben, und den kleinen blauen Personalausweis besitze ich noch heute. Aufgewachsen bin ich in einem Thüringer-Wald-Dorf zwischen Ilmenau und Rennsteig.

Zu Hause gab es Volksschullehrerkultur mit Porzellanreh auf dem Buffet und Wunschkonzert, aber auch Nietzsche und Brocken höherer Bildung. Wir Lehrerskinder waren etwas Besseres. Und so zogen wir als »die Oberschüler« mit Kniestrümpfen im Sommer, Filzstiefeln im Winter, unterernährt den viel zu steilen Porzel hinauf, von wo uns eine Bimmelbahn in stundenlanger Fahrt nach Ilmenau brachte. Der improvisierte Nachkriegsunterricht in der Goethe-Schule konnte mir nicht imponieren. Von Iphigenie bis Bello Galico gab sich die bürgerliche Bildung durch den Zusammenbruch noch zu erschrocken, um sich mit meinen handfesten Dorfträumen messen zu können. Also wollte ich Handwerker werden, Klempner. Als Lehrling erfuhr ich, daß Handarbeit im Betrieb nicht die erträumten Schöpferfreuden bringt; und daß man »unten« bleibt, trotz VEB. Deshalb versuche ich es mit dem Physik-Studium, das dem Bastler am nächsten ist. Friedrich-Schiller-Universität Jena: Die Professoren, talargeschmückte würdige Greise, schreiten nach dem Griegschen Huldigungsmarsch andächtig ins Volkshaus. Eine Gänsehaut um die andere beweist meine Einweihung in die Riten bürgerlicher Bildung, mitten im fünften Jahr der DDR. Kein Wunder, daß die ärmlichen Vertreter des eilig aus dem Nichts gestampften GeWi-Diamat keine Chance bei uns hatten und ihre Autorität durch Dogmatismus und Zwangsmaßnahmen nur mühsam aufrechterhalten konnten.

Noch heute tun sie mir ein bißchen leid wegen ihrer freudlosen Verbissenheit auf vorgeschobenem Posten.

Harmlose Verse im Kabarettprogramm unseres Physikerballs 1956 reichten aus, um noch in derselben Nacht den SSD zu alarmieren. Wir wurden (wie ich erst jetzt erfuhr) zum ersten Tagesordnungspunkt einer ZK-Sitzung. Zwei Jahren später wurden alle Akteure still und heimlich verhaftet.

Ich konnte, durch einen mutigen Physikprofessor gewarnt, bei Nacht über einen Felsenweg in mein Studentenzimmer klettern, vor dessen Fahrweg im Lampenschein die zwei klassisch bemäntelten Stasi-Männer patroullierten, und konnte das »Dokument« retten, mit dessen Hilfe ich mit Zittern und Zagen bei den Kontrollen zunächst in »die Hauptstadt« gelangte und von dort aus problemlos nach West-Berlin. Kein Jubelschrei von gewonnener Freiheit und goldenem Westen. Verloren kam ich im Auffanglager Marienfelde an, von westlichen Geheimdiensten befragt und bedrückt von dem Gefühl: »Habe ich meine Freunde im Stich gelassen? Müßte ich die Folgen unseres übermütigen Rebellierens nicht mit ihnen tragen?«

(Zwei Jahre Bautzen war die geringste Strafe, die meine Kommilitonen absaßen und die auch mir gegolten hätte.) Dieser Zwiespalt aus Schuldgefühl und »Glück gehabt« begleitet mich seitdem. Heute bin ich peinlich berührt, wenn Westmänner in Gönnermanier mit Ostmännern umgehen, denn ich spüre, wie erfolgreich ich die bange Frage verdrängt habe, unter welchen Verleugnungen und wie lange ich in der DDR standgehalten hätte.

Im Westen ging ich also nun mit Knickebocker, Aktentasche und Notaufnahmeschein als anerkannter Flüchtling der abendländischen Freiheit entgegen. In der ungewohnt südlichen Luft Freiburgs wurde meiner thüringische Tumbheit sonderbar leicht und lustig.

Ich wurde von freundlichen Menschen freundlich aufgenommen und war fasziniert von ihrer Welt, die mir so viel edler und wertvoller als meine erschien. Ich tauchte ein in das schöne Dasein, und noch einmal taten sich mir die berauschenden Träume bürgerlicher Bildung auf. Nichts schien meinem »faustischen Streben« unmöglich, ich stürzte mich auf alle Wissenschaften zugleich, dilletierte in Musik, Theater und Lyrik. Statt des von mir erhofften großen Durchbruchs bot mir eine Industriellengattin ein Stipendium an, und eine verlassene Geschäftsfrau wollte mich mitnehmen in ihren neureichen Luxus, wo ein beschürztes Mädchen ein gelangweilt quengelndes Kind hütete. Ich flüchtete aus panischer Angst vor Verrat an den alten Idealen, grenzte mich ab gegen die, deren Leben mir oberflächlich vorkam, entweiht und entstellt durch verdächtigen Reichtum.

Verunglimpfte Republiken

Am 17. Juni 1953 marschierte ich in Jena mit. Nicht mehr Lehrling, noch nicht Student, ließ ich mich von der euphorisierten Masse willenlos staunend mitreißen. Eingekeilt in die Menge, blickte ich in die starr aufgerissenen Augen eines SSD-Mannes, der von wütenden Männern und Frauen an einem Baumstamm aufgehängt wurde, nachdem sie den um sich Schießenden entwaffnet, mißhandelt und ihm die Kleider vom Leib gerissen hatten. Als die sowjetischen Panzer kamen, ging ich langsam nach Hause und aß viele Leberwurstbrote.
Meine Politisierung fing an in der Studentengruppe als kleinbürgerlicher Trotz gegen das dummdreist Verlogene und die bornierten Repressionen des DDR-Staates. Den verordneten Parteiparolen begegneten wir durch innere Verschwörung. Nach meiner »Republikflucht« fiel ich in ein politisches Vakuum ohne Gegner und Sympathisanten. Meine heimwehselige Anhänglichkeit an die DDR beschwor deren soziale und sozialistische Vorzüge gegen westdeutsche Ahnungs- und Interessenlosigkeit, ohne daß ich dem Staat die systematisch-schleichende Zermürbung der Menschen je verzieh.

Die 68er Zeit erlebte ich noch als stiller Sympathisant an der Universität Bochum (nach vier Jahren Gastdozentur in Izmir und Paris), frisch verheiratet und als hippiemäßiger Jungfilmer. Die Studentenbewegung bildete den aufregenden Hintergrund für meine Emanzipation von kleinbürgerlichen Ängsten und Zwängen. Ich ließ mir die Haare wachsen und hatte keinen Respekt mehr vor Professoren, selbst wenn mein Fortkommen von deren Wohlwollen abhing. Prompt torpedierten auch einige Professoren vom »Bund Freiheit der Wissenschaft« meine Bewerbungen an Universitäten. Existenzängste hatte ich nicht; denn wen die DDR nicht geschafft hat, der sollte doch wohl in der BRD zurechtkommen?

Und wirklich wurde ich unerwartet auf eine Professur an die Pädagogische Hochschule Berlin berufen, wo im Zusammenhang mit hochschulpolitischen Auseinandersetzungen gegen Reglementierungs- und Verschulungstendenzen die letzte Phase meiner Politisierung anfing. Ich engagierte mich in der Gewerkschaft und balancierte auf dem Grat zwischen der verachteten SEW, den gefürchteten K-Gruppen und dem »Machtapparat des Systems«. Im Herbst 1978 sitze ich mit anderen ProfessorInnen auf der Anklagebank.

»Die Angeschuldigten sind aber hinreichend verdächtig, sich durch … Verunglimpfung des Staates (90a Abs. 1 Nr. 1 STGB) schuldig gemacht zu haben.« Genau 20 Jahre, nachdem ich der Verurteilung wegen«Verächtlichmachung der DDR« entflohen war, sitze ich nun als Angeklagter einem smarten Staatsanwalt gegenüber. Wir hatten zur Unterstützung der Studenten ein anonymes Flugblatt herausgegeben, in dem über eine »klammheimliche Freude« an der Ermordung des Bankiers Buback und das Verhältnis zur Gewalt quer zur Staatsräson nachgedacht wurde. Unser mit vielen Schmähreden begleiteter Prozeß formierte eine linke Gegenöffentlichkeit, die Freispruch erwirkte. Dieser Freispruch brach einen Stein aus der Mauer von politischer Zensur, Berufsverboten, Staatsschutz-Verfolgungen und Überwachungshysterie.

Heute duze ich mich nicht mehr mit meinen Studenten, und die linken Träume sind verblaßt. Wir lassen uns vom Kapitalismus handfest auf die Schulter schlagen und verdrängen den frustriert-gescheiterten Kämpfer in uns.
Einen letzten Versuch hatte ich nach dem Fall der Mauer unternommen, als ich zum Vorsitzenden der Abteilung Wissenschaft in der Gesamtberliner Gewerkschaft Erziehung und Wissenschaft gewählt wurde. Ich wollte sinnvoll östliche und westliche Kompetenzen integrieren. Statt dessen kam es zu einer menschenverachtenden »Abwicklung« östlicher Institutionen und der dort arbeitenden Menschen durch westliche Beamte, die in Siegerpose Anhörungen durchführten und Urteilssprüche verkündeten. Versäumte Gelegenheiten zu demokratischen Reformen auf allen Ebenen.
Ich trat zurück mit dem quälenden Gefühl, daß mein altes »Glück gehabt« nun allmählich vom westlichen roll-back aufgefressen wird. Nun trage ich brav und bescheiden in meiner Wohngegend die Zeitung von Bündnis 90/Die Grünen aus.

Wohngemeinschaft und Gärtchen

Noch einmal in die Vergangenheit. Mein freier Fall vom kargen Gerüst volkseigener Massenbedarfsartikel in die pralle Warenwelt bewirkte Schwindelgefühle angesichts meines nur aus einem Köfferchen bestehenden Besitzes und der Aussicht auf ein kärgliches Notstipendium. Gerüstet mit alten und neuen Idealen, bastelte ich asketische Tugenden, die sich später gut in meine Biographie einpaßten. Denn als bewußter Linker hatte ich Schwierigkeiten mit dem Besitz. Da stand noch immer und erst recht der große Schatten Marx, der die Rolle des Besitzes entlarvt, und verbindet sich mit Freud, der mit analer Fixierung drohte. Und Erich Fromm streute in Massenauflagen die Parole unters Volk, alle Formen des Habens seien aufzugeben, um ganz zu sein. Wer konnte da noch mit ruhigem Gewissen seinen Tee

aus einer silbernen Kanne trinken! Wer konnte sich gar erfrechen, eine silberne Kanne zu kaufen, nur weil sie ihm gefiel! Denn längst hatten wir den Klassencharakter von Schönheit und Genuß entlarvt.
So erlernte ich in den siebziger Jahren als Wohngemeinschaftsmitglied mühsam, mit den Dingen anders umzugehen. Wir wollten unseren Besitz gemeinsam nutzen, als hätten wir keine Probleme mehr mit der Ästhetik. Wir warfen alles Kunstgewerbliche hinaus, wir entlarvten das moderne Design als Erscheinungsform des kapitalistischen Verwertungsinteresses. Und nun blieb uns nichts übrig, als uns ratlos aus unserem anrüchigen Kulturkreis zurückzuziehen. Höchst verschämt stand an unauffälliger Stelle ein letzter silberner Leuchter. Ansonsten verließen wir uns aufs Ferne, orientalisch, indisch und lateinamerikanisch.
Wir bemühten und quälten uns mit dem ungewohnt gemeinsamen Verfügen über unsere Sachen. Es gab mir zuerst einen kleinen Stich, wenn jemand selbstverständlich »meinen« Plattenspieler anstellte, mit »meinen« Platten, die ich peinlichst gepflegt hatte, hantierte. Oder wenn jemand die »falsche« Kanne für Tee verwendete und Biergläser für Rotwein. Ich lernte, daß die Dinge sich auch anders gebrauchen lassen, als ich es mir angewöhnt hatte. Ebenso versuchte ich zu lernen, meinen individuellen Genuß abzubauen zugunsten der Freude am gemeinschaftlichen Genießen. Ich hoffte, daß der Gewinn an neuen sinnlichen Erfahrungen uns für den individuellen Verlust entschädigt. Dies funktioniert nur, wenn sich die Gemeinsamkeit auch in gemeinschaftlichen Zielen wiederfindet. Beschränkte sie sich nur auf den gemeinsamen Alltag, dann kehren die alten individuellen Ansprüche zurück und mit ihnen die verdrängte Psychologie des Privaten. Stieg früher einer noch entschuldigend in seinen Alfa-Romeo, so gilt man heute als hoffnungslos vertrottelt, wenn man nicht als Superschnäppchen eine kleine Villa im Osten aufgerissen hat.
Inzwischen wohne ich gutbürgerlich mit Frau und Kind im

Zehlendorfer Einfamilienhäuschen. Mit schwungvollen Unternehmungen sorgt meine Frau für neue Formen gemeinsamen Genießens, während ich mich im Gärtchen darum kümmere, daß die Schnecken meine Delphinium-Belladonna-Stauden verschonen. Manchmal träume ich, daß ungebetene Gäste unsere Zimmer überfluten. So einfach können also durch Einsicht die Kindheitsmuster nicht verschoben werden. Und jetzt, im Alter, spüre ich, wie die Freude am Beständigen zu einer Form der Auseinandersetzung mit meiner eigenen Vergänglichkeit wird.

Keine Söhne ohne Väter

Unsere Väter waren im Krieg, gefallen oder verwundet. Statt ihrer hatten wir den Führer.
Mein freundlicher, sanfter Vater ging in seiner neuen steifen Uniform stumm, hoffnungslos und ohne Träne aus der Haustür. Nach der letzten Feldpostkarte aus Jugoslawien erwarteten wir ihn noch jahrelang wie einen geheimen Retter. Er kam nie wieder.
Männer: Das waren für mich die anderen, die brutalen Brüller in Reithosen und Stiefeln und die brutalen Anpasser mit »Jawoll« und »Zubefehlherrobersturmbannführer«. Vom Herrn Oberlehrer bekam ich eine Ohrfeige, wenn das vorgeschriebene »Heil Hitler« nicht zackig klang und der Arm sich nicht hoch genug reckte. »Schlappschwanz«,«Muttersöhnchen« waren die geläufigsten Anreden aus diesen verkniffenen Mündern. Also wollte ich auch ein Hoheitszeichen, eine Armbinde wenigstens, damit ich ihnen meine Befehle zur sofortigen Vollstreckung hinbrüllen könnte: »Stillgestanden! Weggetreten!« – ihr braunen Männer der Sturheit, Gewalt und Härte.
Mein Entschluß stand fest. Ich ging heimlich zur Gemeindeverwaltung, »aufs Büro«, und erklärte, daß ich mich zum Volkssturm melden wollte. Verdutzte und ratlose Gesichter muster-

ten den Zweitklässler. Schließlich wurde ein höherer NS-Mann aus dem Hinterzimmer geholt, der salbungsvoll etwas aufsagte vom Vaterland, das mir diesen Entschluß hoch anrechnen würde, auch wenn ich jetzt noch zu jung sei. So kam ich zu meinem Spitznamen »Volkssturm«.

Später, in der DDR, erstand ich doch noch meine Armbinde, als ich zum FDJ-Pionierleiter aufstieg. Die Blauhemden waren ausgegangen, und so wurde mein Rang durch eine blaue Armbinde auf weißem Pionierhemd kenntlich gemacht.

Nachdem ich ein paarmal befehlen durfte, verflog der Rausch beim Erleben von Gehorsamkeit. Das niederträchtige Herr-und-Knecht-Spiel verwandelte sich zur persönlichen Kränkung und blieb mir beim Kommandoruf im Halse stecken.

Als vaterlose Söhne durften wir nun Josef Wissarionowitsch Stalin »Väterchen« nennen. Später hieß es: »keine Verniedlichung führender Persönlichkeiten«. Als ich vor der FDJ-Gruppe zu Stalins Tod sprechen mußte, reihte ich die vorgeschriebenen Klischees geschickt aneinander und war am Ende selbst gerührt. Einige schluchzten. Wir haben uns die Väter genommen, wo wir sie herkriegten. Der Westen bot uns keine. Sie waren unsichtbar und aufgelöst »im System«, so daß wir als konsequente Reaktion das System bekämpften und in wehenden Hippiekleidern unsere Vaterlosigkeit zelebrierten.

Während ich jetzt schreibe, halte ich auf dem linken Arm meinen kleinen anderthalbjährigen Sohn Julian und versuche ihn abzuhalten, das Geschriebene zu zerreißen. Als Vater, der eigentlich Julians Großvater und nach DDR-typischem Generationswechsel sogar sein Urgroßvater sein könnte, gestehe ich, daß dieser späte Rollenwechsel mir als mein sinnvollster und wichtigster erscheint. (Julian beißt mich in den Arm.) Daß ich oft an meine Grenzen komme, vermindert nicht mein Entzücken. Am Morgen kann ich nicht erwarten, ihn zu begrüßen, wenn er mich von seinem Bett aus anstrahlt und vor Freude von einem Beinchen auf das andere schwankt. Er ist heute erkältet und ausnahmsweise quengelig. Ich wickele und pudere ihn, spaziere mit ihm im Kinderwagen durch den Park und heimse bei jungen Müttern und alten Damen wohlwollende Anerkennung ein. Den Erholungsurlaub hat »natürlich« doch meine Frau genommen, und wenn es bei mir beruflich ernst wird, bleibt sie es, die unser Kind versorgt. Ich kann die neue Väterlichkeit gelassen praktizieren, weil ich als Hochschullehrer über die Privilegien einer freien Zeiteinteilung und eines guten Gehalts verfüge.

Die patriarchalen Grenzen meiner neuen Väterlichkeit spüre ich allerdings schnell, wenn ich als männlicher Exot in einer sonst von Müttern und Kindern besuchten Säuglingsgruppe aufgetaucht bin oder wenn ich sehe, wie meine Frau mit dem Kind unablässig zu anderen Müttern zieht, während ich zweisam mit Julian meine Runden drehe und mich nur ausnahmsweise mit Vätern und Kindern treffe, die meist beruflich mit mir zu tun haben. Während meine Frau durch das Kind neue Freundinnen gewinnt, entferne ich mich von meinen alten Freunden.

In der DDR schien die neue Väterlichkeit wegen der im Berufsleben weitgehend realisierten Gleichberechtigung stärker ausgeprägt. Wer sich nicht auf die altvertraute (und nie bewährte) Rolle des Feierabendvaters zurückgezogen hatte, fand sich in der Rolle des größeren Bruders als Protagonist eines staatlich lizensierten Hänsel- und-Gretel-Syndroms. Die allmächtige Hexe Partei kontrollierte bei mäßiger, aber zuverlässiger Fütterung unnachgiebig Hänsels Schwur- und Zeigefinger. Er schob ihr statt dessen seine eifrigen Verpflichtungen durch die Gitterstäbe, zog mit Gretel in einen Plattenbau-Käfig und, da er die Hexe nicht verbrennen konnte, präsentierte er ihr junge Hänsels und Gretels. Die packte die Hexe schleunigst in die allerbequemsten Krippenställchen. Daß dennoch und ganz selbstverständlich und ohne intellektuelle Begleitmusik neue Väterlichkeit gelebt wurde, ist einer der vielen Widersprüche der DDR. So ist es auch nicht überraschend, daß nach der »Shell-Jugendstudie '92« bei den ostdeutschen Jugendlichen in der Hierarchie wichtiger Werte die familiäre Sicherheit einen ehrenvollen zweiten Platz einnimmt im Vergleich zu einem schäbigen vierten bei den westdeutschen.

Für einen westlich privilegierten Mann ist es kein besonderes Kunststück, aus der Sohnesrolle hoffnungsfroh in die neue Väterlichkeit zu wechseln und sich als exotischer Falter aufzuführen. Wir erfüllen uns so unseren Sohnestraum, indem wir der Vater sein wollen, den wir uns gewünscht haben und der mein Vater vielleicht sogar gewesen wäre: liebevolle Zuwendung, körperliche Nähe und Zärtlichkeit, Versteckspiel und Hoppe-Hoppe-Reiter, festhalten und loslassen können, Märchen erzählen und Lieder singen, weite Wanderungen und Flußfahrten. Und wir wiegen uns dabei in dem bedeutsamen Gefühl, daß wir so die allbekannten und beklagten Symptome der vaterlosen Gesellschaft aufheben.

Auch wenn ich mir nicht bei jedem Windelwechsel vorstelle, wie für mein Söhnchen nun das destruktive Potential herrschender Männlichkeit abgebaut und die emotionale Abhängigkeit von den Müttern reduziert wird, halte ich fürsorgliche Vaterschaft doch für einen wichtigen Beitrag, den Männer zur Unterbrechung der tödlichen Kette von Macht, Gewalt und Unterdrückung leisten können. Und wenn es heute manchmal schwierig ist, in der Väterlichkeit den männlichen Grund zu finden, können vielleicht unsere Söhne, die »kleinen Helden in Not«, leichter in der komplizierter werdenden Welt flexible männliche Identifikationen entwickeln. Einstweilen führe ich in Julians keimendem Wortschatz noch den Ehrentitel »Mama«.

Es lebe die süße Mörderin

Als mich Ende der sechziger Jahre die erste noch spielerisch plätschernde Welle des Feminismus erreichte, lebte ich als Jungvermählter mit anderen jungen Leuten in einem idyllischen Wasserschloß am Rande des Ruhrgebiets. Wir lasen mit

Begeisterung Valerie Solanas »Manifest zur Vernichtung der Männer« und drehten einen tiefsinnigen Film über »Die süße Mörderin«, den niemand verstehen konnte und den bei den Oberhausener Festspielen eine linke Jury in die Kategorie »Der letzte Dreck« einordnete. Trotzdem fühlten wir uns wohl, wie im Aufwind des neuen sanfteren Zeitalters, das wir durch unsere Phantasie zu beflügeln glaubten. Als Verbündeter der Frauen fühlte ich mich bei ihnen sicher und geborgen und konnte Kindheitsträume wiederholen.

Als kleiner Junge nämlich, umgeben nur von Frauen (meiner Mutter, meiner Schwester, einem aufgenommenen Flüchtlingsmädchen und ab und zu Tanten und Omas), träumte ich in unserer Dorfschulmansarde von Prinzessinnen und ritterlichen Befreiungstaten. Die Dorfjungs verprügelten mich, weil ich gestrickte Hosen trug, ein Muttersöhnchen war und mir obendrein noch wie ein höheres Wesen vorkam. Und die Männer, die nicht im Krieg waren, gebärdeten sich – aus Angst, Schuldgefühl oder Überzeugung – als zackige Nazis. Ich unterdrückte meinen Haß für diese männlichen Attrappen, flüchtete oder paßte mich an. Manchmal, wenn ich mich elend, wertlos und zum mickrigen Schlappschwanz mißraten fühlte, tröstete ich mich bei meiner einfühlsamen Schwester. Meinen unterernährten Körper verglich ich unzufrieden mit ihren schönen, sich entwickelnden Formen. Meine tatkräftige Mutter trainierte inzwischen mit mir umsichtig und klug ein verschwörerisches Leistungsprogramm, bei dem ich von Kniebeugen und Bruststrecken (zu den von ihr skandierten Silben: vorwärts, vorwärts, nie zurück) über Anstandsregeln für die feinere Gesellschaft, Klavier- und Geigenspiel bis zu Französisch und Mathematik alles lernte, um in der feindlichen Männerwelt dermaleinst bestehen zu können. Ich kompensierte die körperliche Verfehlung männlicher Normen durch Erklimmen geistiger Höhen und erwarb all die Titel und Preise, die den gehorsamen Söhnen verständnisvoll energischer Mütter beschieden sind.

Die zweite Welle des Feminismus Ende der siebziger Jahre wird für mich bedrohlich. In unserer Berliner Wohngemeinschaft ging die Frau, die ich wegen ihrer Wärme, Spontanität und Exaltiertheit besonders mochte, zu den radikalen Feministinnen. Bevor sie wegen meiner männlichen Anwesenheit auszog, wurde unser tägliches Frühstück vom Schlachtgesang der Flying Lesbians begleitet. Ich ließ es säuerlich lächelnd geschehen. Unser Flur füllte sich mit Lederjacken- und Schaftstiefel-Frauen, die in breiter Pose meinen freundlichen Hauptmietergruß verächtlich übersahen. Ich fühlte mich von ihrer harten Ablehnung stärker bedroht als von männlicher Brutalität. Ein Schrecken vor gorgonischen Urweibern ließ mir die Vorstellung von der verschlingenden Mutter zu einer harmlosen Knabenphantasie gerinnen. Gleichzeitig kam eine Traurigkeit, als wäre alle Liebe für immer verloren, als sei jeder erlebte Liebeskummer und Trennungsschmerz nur ein Stäubchen vor diesem endlos schwarzen Abgrund. Sie aber tanzte durch unseren Flur, und ich begriff, wer geopfert werden sollte, als sie sich von ihren neuen Freundinnen für das Frauenfest mit schwarzem Kleid und weißen Lilien schmücken ließ und mir kleine entzückte Blicke zuwarf. Und ich begriff auch, daß sie sich jahrelang in Chauvis verlieben mußte, um mit größter Wonne alle Männer auf einmal zu opfern. Aber ich hatte noch nicht begriffen, warum die Opfer des Feminismus nicht die Männer waren, an deren ungebrochener Männlichkeit sich die Wut der Frauen entzündet hatte, sondern just solche wie ich, die sich unter Überlebenszwang der Männerrolle angepaßt hatten und immer noch an ihr litten. Dennoch wurde meine Kinderhoffnung wieder lebendig. Es war jetzt nicht mehr eine gefangene Prinzessin, die durch meine Heldentaten befreit werden sollte, sondern es waren meine eigenen gefangenen Gefühle, die sich in der von den Frauen veränderten Landschaft vorsichtig ans Licht trauten. Die Dornröschenhecke männlicher Abtrennung zwischen Gefühl und Gedanke, Privatem und Öffentlichkeit, Beruf und Individuellem wurde für mich dünner, wenn die Frauen uns vormachten, wie politische Probleme beim eigenen Bauch anfangen, wie solidarisches Handeln mit Gefühl zu tun hat, wie gemeinsame Ziele und körperlicher Kontakt zusammengehören. Ich beneidete die Frauen, daß sie das so einfach schon konnten, und ich erhoffte mir eigene Veränderungen durch eine Gestalttherapieausbildung.

Das Patriarchat, das waren für mich damals immer noch die anderen, die ich haßte und beschimpfte. Nun aber erlebte ich, sensibilisiert durch Therapie und Frauenbewegung, immer schmerzhafter mein eigenes heimliches Beteiligtsein am tödlichen Getriebe des Patriarchats, das ich in Beziehungskonflikten und beruflichen Auseinandersetzungen zunächst als unvermeidlich männliches Geschick hinzunehmen bereit war und durch freundliche Unterstützung der Frauenbewegung auszugleichen versuchte. Statt der erhofften Absolution schreckte mich dann im Flur des Instituts die bissige Frage meiner bewunderten Kollegin Tina Thürmer-Rohr auf: »Was tut ihr Männer eigentlich konkret zur Bekämpfung des Patriarchats, außer uns Frauen Beifall zu klatschen?!«

Und so unternahm ich erste zaghafte Versuche in einer betont fühlsamen Männergruppe, in der wir beklommen zwischen Schuldgefühlen, Ratlosigkeit und übertriebenen Ansprüchen an die Veränderung unserer Männerrolle hin und her taumelten. In den Gesprächen über unsere Frauenbeziehungen näherten wir uns vorsichtig den Urängsten des Mannes: ausgeschlossen zu sein, verlassen zu werden, verschlungen zu werden von der Großen Mutter, dem Ewig-Weiblichen und der jetzigen Frau. Und wir lüfteten Zipfelchen unserer Abwehrmechanismen, nachdem wir sie erst einmal historisch distanziert und unverbindlich analysierten: daß diese Urängste schon in vorbiblischer Zeit patriarchal simpel, brutal und effektiv »aufgearbeitet« wurden; einmal durch die physische Unterwerfung der Frau und zum anderen durch Zerstörung des Lebendigen für den Aufbau des männlichen Werkes, wodurch der Mann seine Überlegenheit über das Lebendige und das Gebärenkönnen durch eigenes Schöpfertum immer wieder herzustellen glaubt.

Sein Neid, nichts Lebendiges hervorbringen zu können, verdrängt und verkehrt er zu einem Tötungs- und Vernichtungswunsch. Das Lebendige ist ihm das Gefährliche, das kontrolliert und beherrscht werden muß. Er kompensiert seinen Neid durch geistiges und materielles Schöpfertum und muß sich darin unaufhörlich bestätigen.
Die patriarchale Welt wird so gespalten in Schöpfer und Geschöpfe, in Mächtige und Ohnmächtige, in Herren und Knechte. Die Herrschaft des Mannes über sich selbst und die anderen geht notwendig einher mit der Vernichtung, Zerstörung und Ausbeutung des Lebendigen, womit seit Homer bis Hiroshima die Geschichtsbücher gefüllt werden. Nach der allgemeinen Analyse waren auch die Neuorientierungen erst allgemein und auf Erwartungen an die Frauenbewegung bezogen: »Hier wäre vorzuschlagen der Anfang einer feministischen Kulturgeschichte, die einmal ganz anders ansetzt bei der Triebstruktur des Mannes. Haben die Frauen noch nicht entdeckt, wie die Trennung von Wissenschaft und Kunst genau der Trennung von mechanischer, im Schwanz lokalisierter Sexualität und der großen reinen Liebe entspricht? Auf der einen Seite das Kalkulierbare, das fortwährende ›Wenn – Dann‹, die Ursache mit Wirkung, die gelungene Manipulation: Wichsen und Wissenschaft. Auf der anderen Seite die unverstandenen Gefühle, einsame Größe, ewige Sehnsucht, Verklärung: die ferne Geliebte und Kunst. Und natürlich ist nicht Freuds Triebsublimierung der entscheidende Motor dabei, sondern der Gebärneid der Männer. Sind nicht alle unsere männlichen Produkte ein schlechter Ersatz für Kinder? Seht uns Männern doch an, wie wir unser erstes Buch, unsere ›erste Veröffentlichung‹ in der Hand halten und wie unsere Augen leuchten mit beinah mütterlichem Glanz. Bis wir merken, daß dieses Ding in unseren Händen ziemlich tot ist: Also auf ein Neues.«
Inzwischen ist die Frauenbewegung, trotz Fraktionierung und roll-back nach der Vereinigung, lebendig verankert, während die Männerbewegung als öffentlich wahrzunehmende Kraft

fast nicht mehr existiert. Auf die Dauer ist der pflichterfüllte Kampf gegen die eigenen Privilegien wohl doch zu trostlos, auch wenn in der Ferne die schöne herrschaftsfreie Zukunft winkt.

Die Jüngeren ziehen sich dagegen aus neuen Rollenkonflikten verstärkt in alte Muster zurück. Wenn ich in der Universität Seminare mit patriarchatskritischen Themen anbiete, erscheinen immer weniger Männer. Die Auseinandersetzung mit der eigenen Männlichkeit ist angesichts einer vielfältig etablierten Frauenbewegung offensichtlich in die Privatheit gerutscht, auch wenn aus der damaligen Zeit noch Gruppen existieren und wichtig sind. (Wie »Dissens«, das aus einem meiner patriarchatskritischen Seminare entstanden ist. Diese sind für die Jungenarbeit vielleicht bedeutsamer als eine gesellschaftsfähige Männerbewegung.

Dennoch hat sich durch die Frauen- und Männerbewegung für bewußtere Mittelschichtsmänner viel verändert. Zu allererst wird »Männlichkeit« im gewohnten Kontext abgelehnt oder zumindest in Frage gestellt. Das »big wheel« von Leistung, Erfolg, Status und Macht beginnt zu quietschen, und selbst die Herren mit den Aktenköfferchen vernehmen sein selbst- und weltzerstörendes Mißgetön. Weder der »lonesome cowboy« noch der »Kulturheros« sind inzwischen als Leitbilder ernsthaft gefragt.

Zunehmend mehr Männer begreifen, daß Gewalt keine zufällige Entgleisung ist, sondern direkte Folge einer männlichen Dominanzkultur, die den Alltag jedes einzelnen prägt.

Problematischer ist es mit den Veränderungen von Männlichkeit in der Geschlechterrolle. Einerseits wurden durch die Frauenbewegung viele Ängste des Mannes verstärkt: Ängste, die damit zu tun haben, ausgeschlossen zu sein von den lebendigen Prozessen Schwangerschaft, Geburt und Stillen; und Ängste vor Verlassen- und Verschlungenwerden. Die Verstärkung dieser Ängste zeigt sich in vielfältigen Verunsicherungen: Anbiederei, Anpassung und Gehorsam gegenüber selbstbewußten

Frauen, »new impotence« und rigidem Erstarren in alten Klischees. Viele Szene-Kneipen im Westen sind so zu Stätten lustlosen Vor-sich-hin-Sumpfens von Männlein und Weiblein geworden, und die Unternehmungslustigen ziehen längst nachts um die Häuser im Ostteil Berlins. Auch wenn sich in der DDR durch die beachtliche berufliche Gleichstellung die Geschlechterrollen angenähert haben, scheint die – nicht von der Warenästhetik abgeglättete – Spannung zwischen den Geschlechtern dort lebensvoller und ermuntert zum – nicht feministisch getrübten – Flirt.

Andererseits hat sich im Westen im Gefolge der Frauenbewegung auch ein bewußterer Umgang mit den Ängsten entwickelt. Wurde bisher die Angst vor dem Ausgeschlossensein von allem weiblich Lebendigen kompensiert durch Unterdrückung und Tötung des Lebendigen zugunsten von Logos und Ordnung, wird es jetzt wichtig, die Trennung von Körper und Geist aufzuheben und unser Eingebundensein in den Lebensrhythmus der Welt wahrzunehmen.

Wir versuchen, männliche Jugendliche anzuleiten, ihren körperlichen Kontakt nicht auf Schulterklopfen, Anrempeln und Prügeln zu beschränken, sondern im Berühren, Führen und Geführtwerden den anderen zu spüren. Männer versuchen mehr und mehr, die alten Ängste aufzuarbeiten. In Selbsterfahrungsgruppen setzen sie sich mit ihrer Rolle auseinander und mit den Problemen der Mutter-Sohn-Abhängigkeit. Im alltäglichen Handeln bedeutet das auch, Verantwortung für eigene und andere Kinder zu übernehmen. Und vielleicht ist es ein Zeichen neuer männerbewegter Gelassenheit, wenn alle hier schreibenden Männer es ganz offensichtlich normal oder sogar angenehm finden, von einer Frau herausgegeben zu werden. Ist es dann nur das dialektische Umschlagen von Patriarchatskritik, wenn die meisten Frauen es empört zurückweisen würden, einen Mann als Herausgeber für ihren Schwesternband zu akzeptieren? Oder spielt bei den männlichen Autoren dieses Bandes doch eher der vertraute Rückzug ins konkurrenzlose Aufge-

hobensein bei mütterlich betreuenden, weiblich reizvollen und dennoch feministisch engagierten Kompetenzen der Herausgeberin die wichtigere Rolle?
Schließlich hat die Frauenbewegung mit der berechtigten Betonung der sozialisationsbedingten Geschlechterrollen zugleich ein Tabu über die Bedeutung naturbedingter Geschlechtsunterschiede errichtet, das sich beispielsweise hinter der auch von mir damals favorisierten Proklamation des androgynen Menschen verbarg. In der soziologischen Simplifizierung der Geschlechterrollen werden aber ebenso wie in ihrer romantischen Mystifizierung letztlich Unterordnungsverhältnisse festgeschrieben. Inzwischen weiß ich auch aus körpertherapeutischen Erfahrungen, daß der überhaupt nicht »kleine Unterschied« über die Körperlichkeit unmittelbar unser Fühlen, Denken und Handeln beeinflußt.
Es kommt mir heute darauf an, aus dem Gewahrsein unserer männlichen und weiblichen Körperlichkeit unverstellte Identifikationen mit dem Mann-Sein und mit dem Frau-Sein zu entwickeln. Wir sind da angefangen und versuchen vorsichtig erste Schritte. Ich halte es angesichts des heutigen Diskurses für richtig, unsere Unerfahrenheit zu akzeptieren und das, was wir erfahren, nicht einer modischen Lust am Geständnis zu opfern, sondern es behutsam von Person zu Person weiterzugeben.
Ich sitze mit meinem Zettel auf der Parkbank. Julian ist in seinem Wagen eingeschlafen und schnarcht leise vor sich hin.

Gekennzeichnete und nicht gekennzeichnete Zitate entstammen meinen Texten in Ästhetik und Kommunikation 37, 1979, Kursbuch 49, 1977 und Kursbuch 42, 1975.

Männerprojekt »Dissens«

DIE OSTMÄNNER UND DAS KINDERKRIEGEN

»Dissens«, das ist eine Gruppe von Männern, die sich patriarchatskritisch mit dem Geschlechterverhältnis auseinandersetzt. Westmänner um die Dreißig haben oft noch keine Kinder. Drei »Dissens«-Männer haben sich über dieses Thema unterhalten.

Stefan Frauen im Osten haben Beruf, Kinder und Männer, die sind faul im Haushalt und stehen unterm Pantoffel. Der Pantoffelheld, der dicklich, gemütlich, behäbig und dumm in seiner Dreiraum-Komfort-Wohnung sitzt und sich in keiner Weise selbst verwirklicht.
Das ist mein Klischee.
Daß jeder einen Arbeitsplatz hatte, führte zur Bequemlichkeit. Ich habe den Eindruck, von dort kommt nichts. Das hat auch mit der Einmauerung zu tun – es war wenig möglich.

Andreas Einerseits gibt's den echten Polomann, der mit so 'nem kleinen Bierbauch patriarchal durch die Gegend läuft – wie ich ihn aus dem Westen schon lange nicht mehr kenne. Andererseits gibt's radikal-idealistische Männer mit Wut gegen das System, mit dem Glauben: Man kann etwas ändern. Die finde ich ziemlich naiv in ihrer Hoffnung, die für mich als Westmann schon längst vergessen ist. Veränderung – die geschieht nicht mehr.
Der dritte Typ ist in der Krise. Er hat für ein Jahr eine berufsfremde ABM-Stelle, mit der er sich abfinden muß. Ihre Frauen haben dagegen gute Jobs. Du spürst, wie blöd sie finden, daß sie sich um den Haushalt kümmern müssen. Da wird die übliche Männerrolle durchbrochen.

Stefan Sie fühlen sich als Looser. Ich bin auch 'n Looser.

Sie sind verunsichert. Was ist daran negativ? Verunsicherung trägt die Möglichkeit für Neues.
Stellt euch vor, Westmänner wären plötzlich in der Situation, arbeitslos zu sein, ABM-Stellen zu brauchen – die hätten mehr Schwierigkeiten.

Stefan Ich denke, in der Aufteilung der Hausarbeit hatte sich nichts geändert.
Aber wenn man mit Frauen aus dem Osten über die Aufteilung der Hausarbeit diskutiert, dann schreien die auf und sagen: »Das war bei uns gleich aufgeteilt.« Die sagen wirklich: »Hör mal, ich hab Schichtarbeit gemacht, und mein Mann hat Schichtarbeit gemacht, und wir mußten uns die Hausarbeit teilen, weil es sonst nicht gegangen wär.«

Andreas Du kannst schwer dagegen argumentieren.
Trotzdem glaube ich, daß sich die Männer um handwerkliche Arbeiten im Haushalt gekümmert haben, während sich Mütter um die Scheißarbeit bei der Kinderbetreuung kümmern mußten.

Stefan Wenn wir während der Fortbildung fragten, was tut ihr an Hausarbeit, dann nannten die Männer Staubsaugen und Einkaufen.
Ich aber finde, da gibt's mehr zu tun.

Manfred Trotzdem hab ich das Bild, daß Ostmänner weicher sind, weniger an Leistung und Konkurrenz denken als Westmänner.

Stefan Ich hörte, wenn das Arbeitskollektiv harmonierte, dann haben sie sich nach Feierabend als Gruppe wieder getroffen: Für 'ne Radtour, und sie haben sich auch geholfen beim Bau. Es war so 'n bißchen genüßlich: Leben genießen und nicht durch die Gegend hetzen.

Manfred Ich glaube, Geschwindigkeit macht hart.

Andreas In der Geschwindigkeit gab's zwischen Ost und West einen Riesenunterschied, vielleicht vergleichbar mit dem Unterschied zwischen Stadt und Land.

Stefan Wenn wir mit Leuten aus der Alternativbewegung diskutierten, dann konnten die viel konzentrierter und länger bei einem Thema bleiben. Der eine neulich war so geduldig und konsequent in seiner Argumentation, eine dreiviertel Stunde versuchte er freundlich, eine Frau zu überzeugen und hatte immer neue Ideen, sachlich auf ihre Sprechblasen zu reagieren – das fand ich 'ne wirkliche Ostqualität, sowas kenne ich nicht aus dem Westen: Zuhörenkönnen und angemessen inhaltlich auf den anderen eingehen.

Manfred Zuhören bedeutet, eine Beziehung herstellen können. Von Westmännern kenne ich, daß sie Rollenstereotypen hinterherhecheln und nicht reflektieren, was sie wollen. Der Ostmann hatte seinen sicheren Beruf und einen großen Privatbereich: Freunde, Bekannte. Ich bin fasziniert, über welches Allgemeinwissen und welche kreativen Ausdrucksmöglichkeiten die Ostmänner und -frauen verfügen: Instrumente spielen, die kennen viele Lieder ... Weniger Konsum von Kino und Kneipe.

Stefan Sie konnten sich mehr entwickeln in dem Sinne, daß sie kreativ tätig wurden. Wenn du weniger Musikkonserven konsumieren kannst, dann machst du vielleicht selbst Musik. Auch wenn's nicht professionell ist.

Andreas Mir kommt's so vor, als projizieren wir unsere Träume in den potentiellen Ostmann. Ich habe andere Erfahrungen. Ich habe das Gefühl, sie sind uns zehn oder fünfzehn Jahre hinterher. Der Prenzlberg ist jetzt, wie Kreuzberg vor zehn Jahren war. Auch bei der Mode hab ich das Gefühl, mit Vergangenheit konfrontiert zu werden.

Stefan Aber selbstgenähte Klamotten sind eine Art, sich individuell darzustellen, wenn auch teilweise mit verschrobenen Mitteln. Ich find das nicht unbedingt hinterher, na ja gut, 'n bißchen schon.
Irgendwie find ich's auch hübsch. Ich denk, sie sind anders sozialisiert, ich glaube nicht, daß sie erreichen wollen, was wir jetzt haben.
Verstehst du, wie ich das meine? Also das ist 'ne andere Alternativbewegung im Prenzlberg. Mit Osteinschlag, mit diesem Näheherstellen- und Zuhörenkönnen.

Manfred Auch Feindbilder haben sie nicht so deutlich. Sie diskutieren mit Leuten, die andere Lebenseinstellungen haben ...

Stefan Ja, Diskussionsbereitschaft mit Leuten, die anders sind, haben Westler fast gar nicht. Die Rollenzuschreibungen sind klar: Mannsbild, Alternativer, Softie. So wirst du im Westen kategorisiert.

Andreas Ihr idealisiert sie! Die sind toll, die können zuhören, die können diskutieren und beharrlich beim Thema bleiben ... Die sind genauso unnahbar wie die im Westen oder noch schlimmer.

Stefan Ich hab negative Erfahrungen in bezug auf Mackertum von Ostmännern, die sich in Bewegungen engagiert haben. Manche benehmen sich unglaublich brutal, selbstsüchtig. Wie die mit Frauen umgehen – da fehlen mir die Worte.

Andreas Die haben kein Bewußtsein für das Verhältnis zwischen Mann und Frau.

Stefan Die sind völlig unreflektiert, naturwüchsig. Die haben sich darüber keine Gedanken gemacht.

Andreas Ich merke im Osten eine Ablehnung, aus verständlichen Gründen, gegen alles, was aus dem Westen kommt, auch wenn es um das patriarchale Verhältnis von Männern und Frauen geht.

Stefan Ich spreche von Partys, wo ich erlebte, daß sich Ostmänner zugesoffen und dann Frauen angebaggert haben.

Manfred Daß die Auseinandersetzung über die Geschlechter und den Geschlechterkampf nicht gelaufen ist, hat Vor- und Nachteile.
Die können unvoreingenommen an die Fragen von »Männlichkeit«, »Weiblichkeit«, »Feminismus« rangehen. Die lesen Texte und setzen sich damit auseinander. Sie machen sich ihr eigenes Bild. Und das finde ich sehr angenehm.

Stefan Schwierig ist, daß ich nicht mehr erleben kann, wie ihre Gesellschaft war. Deshalb fällt es so schwer, sich in sie einzufühlen. Es ist unheimlich verlockend, ihnen den Anpassungsprozeß, den die machen müssen, vorzuwerfen. Wir aber müssen uns nicht daran orientieren, was die für Wertmuster hatten. Ihre Wertvorstellungen sind für uns Exotik. Wir könnten von ihnen lernen, gemeinsam Widerstandskräfte zu entwickeln. Aber es ist schwer, auch nur so zu denken.

Manfred Wir können uns nicht mehr mit der Geschichte der DDR auseinandersetzen? Die Menschen sind doch noch da. Ich kann sie doch fragen.

Andreas Wir hören uns Lebensgeschichten von Leuten an, die als Exoten in unser Land gekommen sind.

Stefan Ihre Geschichte ist eine aussterbende Geschichte.

Andreas Also ich erfahr mich als einer, der zuhört und neugierig ist. Aber ich habe ein therapeutisches Verhältnis dazu. Die haben den Bruch, und unsere Gesellschaft hat sich kontinuierlich weiterentwickelt.

Stefan Unsere Gesellschaft kann auch zerbrechen. Darauf hoffe ich.

Andreas Ich sag nicht, ha, unser System war besser und deshalb steht's noch. Aber für mich hat sich nichts geändert, außer daß ich mit Menschen aus dem Osten zusammenarbeite, zusammenarbeiten muß, zusammenlebe, zusammenleben muß.

Stefan Ich fühlte mich anfangs ein bißchen als Imperialist, als einer, der in ein fremdes Gebiet eindringt. Uns haben Leute gefragt, was wir als Westler im Osten machen, wieso wir unser Büro hier eröffnen.
Mir fällt aber noch ein anderer Unterschied zwischen uns und den Ostmännern auf. Die meisten Ostmänner sind auch Väter. Ich habe einen gewissen Neid darauf. Ihr System hat Familien unterstützt, es war einfach, mit 'nem Kind zu leben. Auch wenn die Kitas zum Teil Massenaufbewahrungen waren. Für mich ist die Vorstellung, ein Kind zu haben, schwierig, weil sich dabei meine Chancen verringern. Wie kann ich meine Interessen verfolgen und das Geld für ein Kind haben, ohne unterzugehen in dieser Marktwirtschaft. Es kostet mich viel Kraft und Mühe, meine Identität zu behalten, mich nicht völlig vereinnahmen zu lassen von unserer Gesellschaft. Dann noch ein Kind? Das muß für die Leute drüben anders gewesen sein. Deshalb haben sie relativ früh ein Kind gekriegt – wie angenehm. Mit einem Kind zu leben, bedeutet auch einen Zuwachs an Reife. Im Umgang mit Kindern habe ich drüben eine sehr schöne Alltäglichkeit gesehen. Vielleicht waren es Ausnahmemänner?

Manfred Das war Normalität, mit achtzehn oder zwanzig ein Kind zu kriegen und zu heiraten. Ein umfassendes soziales System hat das ermöglicht.
Ich möchte auch Vater werden. Aber ich muß ganz anders überlegen, als Ostmänner das vor der Wende tun mußten. Klar, daß durch die Wende die Geburten um vier Fünftel zurückgegangen sind, das zeigt die Ängste. Sie haben Kinder unter einer grundsätzlich anderen Voraussetzung bekommen. Jetzt wird ein Kind zur Belastung.

Stefan Ich frage mich, wie Oppositionelle in so einen Sozialismus ihre Kinder setzen konnten. Für mich hat das Nicht-Kinderkriegen auch damit zu tun, daß ich mich am Rande der Gesellschaft fühle. Würde ich mich eingebunden fühlen, hätte ich sofort ein Kind. Gut, die Beziehungen mit Frauen sind auch noch ein Problem.

Manfred Ich denke, die standen nur zur offiziellen Politik in Opposition. Die staatlich unterstützten Sozialstrukturen ermöglichten private Zusammenhänge. Die lebten getrennt in zwei Lebenswelten: einerseits der offizielle Sozialismus – Partei, Arbeit –, andererseits der private Lebensbereich.

Andreas Im Westen ist das Gerücht verbreitet, daß der Grund für die frühen Kinder die Wohnungssituation war: Mit einem Kind bekamen sie wesentlich schneller 'ne eigene Wohnung. Ein Kind bedeutete die Möglichkeit, sich von den Eltern zu separieren. Ich aber wäre durch ein Kind stärker auf meine Eltern angewiesen.

Manfred Ich glaube, es war normal, es war selbstverständlich, es ist auch nicht hinterfragt worden – das Kinderkriegen.

Andreas Ein Kind hat auch den Lebensalltag weniger verändert. Die Mütter brauchten nicht ihre Berufstätigkeit zu unterbrechen.

Warum hast du denn keine Kinder?

Manfred Ich denke, weil die Schicht, der ich angehöre, in ihrer Lebensplanung Kinder spät vorsieht. Ich habe mich mit dem Kinderwunsch nicht genügend auseinandergesetzt. Ich sah die finanziellen Schwierigkeiten und hatte Sicherheitsbedenken, ich sah Verantwortung und Nachteile, ich sah, daß man stärker an die Partnerin gebunden ist ... Was mir ein eigenes Kind bedeuten könnte, welche Beziehung ich als Mann zu ihm haben möchte, darüber habe ich kaum nachgedacht. Ich wollte durch Friedensbewegung und Ökologiebewegung gegen die Herrschenden opponieren. Mit Kindern habe ich kleinbürgerliches Familienleben assoziiert, das ich ablehnte als Sinnbild von bürgerlicher Gesellschaft und Patriarchat.
Warum habt ihr keine Kinder?

Stefan Ich hab 1980 »Global 2000« gelesen und hab deshalb keine Kinder ...

Manfred Das sind doch Ausflüchte.

Stefan Moment, laß mich ausreden. Ich hab nicht geglaubt, daß ich alt werde, daß ich, sagen wir mal, sechzig Jahre alt werde. Ich habe es abgelehnt, über Rente nachzudenken, weil ich der Meinung war, daß unser Planet vorher kaputtgeht. In so einen Scheißladen wollte ich keine Kinder setzen – nicht auf eine Erde, wo keine Bäume mehr wachsen.

Manfred Aber jetzt hat sich deine Einstellung relativiert, ich wollte nicht sagen, daß du mit zwanzig ein Kind haben solltest.

Andreas Ja, aber in diesem Alter haben die Ostler doch ihre Kinder gekriegt. Mit Anette, meiner langjährigen Freundin, hatte ich überlegt, ob Kind oder nicht. Ohne Kind hatten wir andere Möglichkeiten, uns selbst zu verwirklichen.

Wir waren beide in der Ausbildung und glaubten, dem Kind nicht die besten Möglichkeiten geben zu können. Aber ich habe schon damals gegenüber Anette vertreten, daß ein Kind andere Entwicklungen ermöglicht. Aber Anette setzte dagegen, daß man ohne Kind mit dreißig oder vierzig Jahren viel Geld verdienen und Weltreisen machen kann. Und das ist realistisch: Die kinderlosen Doppelverdiener können sich mehr leisten als die mit Kindern.

Manfred Na klar, man sagt, ein Kind kostet bis zu seinem 18. Lebensjahr 300000 Mark. Aber immer danach zu gucken, was kann ich mir leisten, was kann ich erreichen, statt sich um andere zu kümmern, das ist doch ein Ausdruck auch *unserer* Leistungsorientierung. Auch *wir* sind gespalten – nicht nur die klassischen Männer. Da hat sich der Westen durchgesetzt – auch in uns.

VÄTER – EINE BEFRAGUNG IN OST UND WEST

Jürgen Sass

In der Bundesrepublik Deutschland war das Leitbild der »Hausfrauen- und Versorgerehe«, das auf einem traditionellen Rollenverständnis aufbaut, bis in die späten sechziger Jahre kaum je in Frage gestellt worden. Erst mit der Frauenbewegung, der Bildungsreform und nicht zuletzt durch die höhere Erwerbsbeteiligung von Müttern mit kleinen Kindern fand hier ein Wandel im Denken statt.

Dieser Wandel wurde einige Jahre später begleitet durch eine Reihe von Gesetzen zur Gleichstellung von Frauen und Männern und damit gewissermaßen legalisiert. Das neue Leitbild, wenngleich mehr als Zielvorstellung denn als real verbindlich formuliert, basiert auf einem neuen, auf Gleichberechtigung und Partnerschaft beruhenden Selbstverständnis von Mann und Frau, sowohl in der Familie, im Beruf und in der Öffentlichkeit.

In der DDR und den anderen ehemals sozialistischen Ländern fanden diese Prozesse wesentlich früher statt. Allerdings wurden sie – im Gegensatz zu den westlichen Ländern – vom Staat in Gang gesetzt und gelenkt. Durch die politisch, ideologisch und vor allem auch ökonomisch begründete fast vollständige Integration der Frauen in das Arbeitsleben war es notwendig, vor allem die strukturellen Voraussetzungen für die Vereinbarkeit von Beruf und Familie zu schaffen, wobei auch in den sozialistischen Ländern der Adressat dieses Vereinbarkeitskonzeptes immer die Frau war und nicht der Mann. Dennoch, die Gleichstellung von Männern und Frauen hatte in den ehemaligen Ostblockstaaten von Anfang an politische Priorität. Wie wir heute wissen, ist die Umsetzung dieser Zielvorgabe aber nur teilweise gelungen und hat keineswegs zu einer echten Gleichberechtigung in Beruf und Familie geführt.

Die Tatsache, daß sich die Lebens- und Berufsbiographie der Frauen in sozialistischen Ländern der der Männer weitgehend angeglichen hat, müßte sich, so eine Ausgangshypothese, mehr noch als der ideologische Überbau auch auf die Beziehungen zwischen den Geschlechtern ausgewirkt haben, und zwar im Sinne einer größeren Partnerschaftlichkeit.
Zu fragen wäre also, ob sich so etwas wie eine partnerschaftliche Lebensorientierung im Bewußtsein der Väter aus den ehemaligen sozialistischen Ländern verankert hat und nachweisen läßt.
Für die westdeutschen Väter gilt es zu fragen, in welchem Maße sich das neue Leitbild einer gleichberechtigten Partnerschaft bereits in ihren Einstellungen und ihrem Verhalten manifestiert hat.
Die im folgenden wiedergegebenen und kommentierten Daten sind Ergebnisse einer Repräsentativerhebung, die das Deutsche Jugendinstitut, München 1991/92 im Auftrag des Bundesministeriums für Familie und Senioren in Ost- und Westdeutschland durchführte.

Die Väter aus den neuen Bundesländern und ihr Verständnis von Partnerschaft

Die Frage »Wie partnerschaftlich sind Väter?« stellt sich in den neuen Bundesländern auf einem insgesamt höheren Niveau als in den alten Bundesländern. Damit ist gemeint, daß insbesondere die Einstellungen zur Partnerschaft bei den meisten Fragen zur Partnerschaft sehr viel positiver ausfallen als bei den westdeutschen Vätern. Die folgende Abbildung veranschaulicht dies recht deutlich.

Abbildung 1
Einstellung der Väter zur Chancengleichheit von Frauen und Männern

Antwortvorgabe: Meine Partnerin soll beruflich die gleichen Chancen haben wie ich, Haushalt und Kinderbetreuung müssen deshalb auf beide gleich verteilt werden

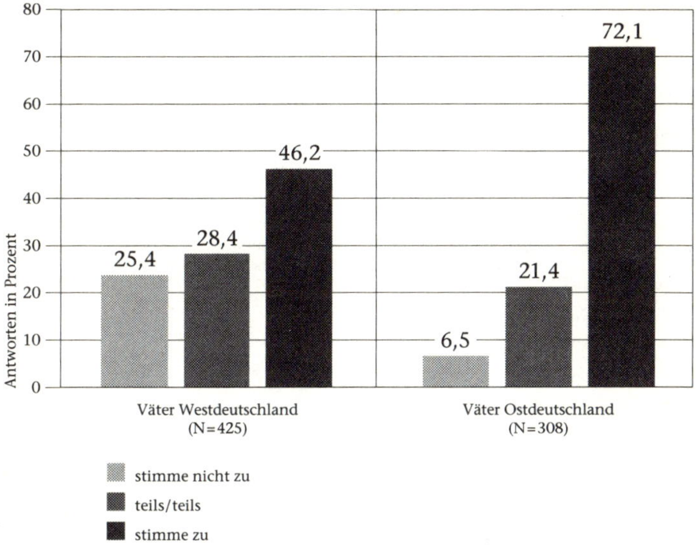

Fast drei Viertel aller Väter aus Ostdeutschland würden ihrer Partnerin die gleichen beruflichen Chancen einräumen wie sich selbst und treten deshalb für eine gleiche Aufgabenteilung bei der Kinderbetreuung und der Hausarbeit ein. Bei den westdeutschen Vätern sind dies nur 46%. Außerdem fällt die Ablehnung dieses Statements im Osten sehr viel geringer aus als im Westen (6,5 zu 25,4%), was ebenfalls für eine hohe Akzeptanz der »gleichen Chancen« zwischen Frauen und Männern spricht. Solche hohen Zustimmungswerte finden wir in Westdeutschland nur bei Vätern mit einer vollerwerbstätigen Partnerin.

Auch bei anderen Partnerschaftsfragen zeigen sich deutliche Unterschiede zwischen Ost und West. Als Beispiel hierfür stehen zunächst die beiden Vorgaben: »*Wenn – unter knappen Arbeitsmarktbedingungen – der Mann gut verdient, sollte die Frau keinen Arbeitsplatz beanspruchen*«, und: »*Ein längeres Ausscheiden aus dem Berufsleben verhindert den Anschluß an den Beruf.*« (vgl. Tabelle 1)

Tabelle 1
Einstellungsfragen zur Partnerschaft
Väter aus den alten und neuen Bundesländern

Antwortvorgaben (Skalenpunkte)	**Väter alte Bundesländer** Zustimmung	teils/teils	Ablehnung	Fallzahl/ 100%	**Väter neue Bundesländer** Zustimmung	teils/teils	Ablehnung	Fallzahl/ 100%
Es wäre nicht gut für meine Partnerin, wenn sie (z.B wegen des Kindes) für längere Zeit aus dem Berufsleben ausscheidet, da sie dann den Anschluß an ihren Beruf verlieren würde.	**32%**	**32%**	**36%**	421	**68%**	**23%**	**9%**	308
Wenn der Mann ausreichend für die Familie verdient, sollte die Frau keinen Arbeitsplatz beanspruchen (unter knappen Abeitsmarktbedingungen).	**52%**	**19%**	**29%**	420	**29%**	**18%**	**53%**	309
	schwer zu ertragen	teils/teils	leicht zu ertragen		schwer zu ertragen	teils/teils	leicht zu ertragen	
Wäre es für Sie schwer zu ertragen, wenn Sie arbeitslos wären, Ihre Frau jedoch einen Arbeitsplatz hätte?	**58%**	**13%**	**29%**	421	**58%**	**16%**	**26%**	309

Die ostdeutschen Väter antizipieren sehr viel stärker als die westdeutschen die Schwierigkeiten, die ihrer Partnerin entstehen, wenn sie für längere Zeit aus dem Berufsleben ausscheidet: 68% im Osten und nur 32% im Westen erblicken hierin ein Problem. Und weniger als 10% der ostdeutschen Väter sehen dies als kein oder sehr geringes Problem an. In Westdeutschland betrifft es mehr als jeden dritten Vater (36%), der kaum die Schwierigkeiten wahrnimmt, die entstehen können, wenn seine Partnerin nach einer längeren Berufspause wieder zurück in den Beruf möchte.

Auch die Vergabe von Arbeitslätzen unter knappen Arbeitsmarktbedingungen wird von den Vätern in den neuen Bundesländern stärker unter dem Gesichtspunkt der Gleichbehandlung von Frauen und Männer gesehen als in den alten Bundesländern: 53% lehnen das genannte Statement ab, mehr als jeder zweite Vater ist also **für** eine Gleichbehandlung. Im Westen sind es dagen nur 29%. Hier tritt vielmehr jeder zweite Vater (52%) für eine Bevorzugung der Männer ein, wenn es um die Verteilung knapper Arbeitsplätze geht.

Im Ernstfall – wenn also nur die Frau einen Arbeitsplatz hätte und der Mann nicht bzw. wenn dieser arbeitslos wäre – unterscheiden sich die Väter aus dem Osten allerdings kaum von denen im Westen. Für jeweils 58% wäre ein solcher Fall schwer oder sehr schwer zu ertragen. Auch bei denjenigen Vätern im Osten, die für eine Gleichbehandlung von Frauen und Männern unter knappen Arbeitsmarktbedingungen sind, wäre es für 58% schwer bzw. sehr schwer zu ertragen, wenn ihre Partnerin Arbeit hätte, sie selbst jedoch nicht. Bei der Vergleichsgruppe im Westen sind es nur 45%. Das heißt, daß mehr als jeder zweite Vater im Osten und etwas weniger als jeder zweite im Westen, der für eine Gleichbehandlung eintritt, erhebliche Schwierigkeiten hätte, seine Vorstellungen von Partnerschaft unter ungünstigen Bedingungen wie die der eigenen Arbeitslosigkeit einzulösen. Insbesondere der Befund in den neuen Bundesländern läßt vermuten, daß die Partnerschaft auf eine harte Probe gestellt werden würde, wenn z. B. die Männerarbeitslosigkeit in stärkem Maße steigen würde als die Frauenarbeitslosigkeit. Dies dürfte sicherlich auch eine der tieferliegenden Ursachen sein, warum unter den derzeitigen Arbeitsmarktbedingungen die Arbeitslosenquote bei Frauen höher ist als bei Männern. Auch die befragten Mütter in Ost- und Westdeutschland sind in solchen existenziellen Konfliktsituationen eher bereit, zugunsten ihrer Partner zu verzichten (in Ostdeutschland knapp 40 %, in Westdeutschland knapp 70 %).

Die westdeutschen Väter und die »Versorgerehe«

Ein sehr wesentlicher Unterschied zwischen den Vätern in Ost- und Westdeutschland besteht auch in dem Rollenverständnis, das sie von ihrer Partnerin in bezug auf Beruf und Familie haben. Während im Westen fast 40 % der Väter sich wünschen, daß die Partnerin zu Hause bleibt, wenn sie genug Geld verdienen würden, sind es im Osten nur 11 %. Der mehrheitliche Wunsch der Väter in Ostdeutschland ist aber nicht, eine vollerwerbstätige Partnerin zu haben – wie man dies aus den bereits genannten Einstellungsfragen hätte vermuten können –, sondern eine *teilzeitbeschäftigte Partnerin.* Dies wünschen sich jedenfalls circa 64 % der befragten Männer im Osten. In Westdeutschland ist dies mit knapp 28 % der zweitstärkste Wunsch. Die Richtung geht also in den neuen Bundesländern weg von der bisher üblichen Vollerwerbstätigkeit der Frauen und hin zur Teilzeit. Nur etwa 13 % aller Väter im Osten wünschen sich überhaut noch eine vollerwerbstätige Ehefrau. Gemessen an den Erwerbsquoten der Frauen und der Gleichberechtigungspolitik der früheren DDR erscheint hier ein Bild, das sich nicht allein mit der Wiedervereinigung erklären läßt. Das heißt, daß die neue Situation keine oder nur eine geringe Umorientierung bewirkt haben dürfte; es ist vielmehr anzunehmen, daß hier ein Verständnis von Rollenverteilung zum Vorschein kommt, das latent auch schon früher da war. Für diese Annahme sprechen auch die Wünsche der befragten Mütter in Ostdeutschland, die ebenfalls mit großer Mehrheit (75 %) für Teilzeit votieren, wenn es keine finanziellen Probleme gäbe. Nur 11 % denken an eine Vollerwerbstätigkeit in einer solchen Situation. Allerdings kommt für sie – im Gegensatz zu den westdeutschen Müttern –

auch keine Hausfrauenoption in Frage (in Ostdeutschland 6%, in Westdeutschland 40%). Die Vorstellungen der Väter und Mütter sind in dieser Frage relativ einheitlich, die Unterschiede zeigen sich vor allem zwischen Ost und West. Für die neuen Bundesländer bleibt als festzuhalten, daß dort sowohl die Väter wie auch die Mütter mehrheitlich kein »Hausfrauenmodell«

Abbildung 2
Was sich die Väter von ihren Partnerinnen wünschen, wenn sie genug für die ganze Familie verdienen würden

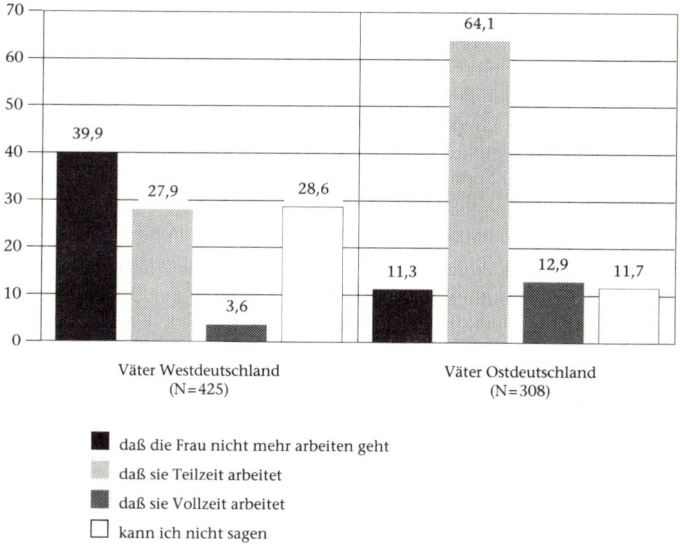

wünschen – im Gegensatz zu Westdeutschland, wo dies immer noch eine wichtige Option für eine relative Mehrheit von Müttern wie Vätern ist. Den ostdeutschen Vätern noch am ähnlichsten sind in dieser Frage diejenigen Väter in Westdeutschland, die einen höheren Bildungsabschluß beziehungsweise eine erwerbstätige Partnerin haben.

Diese doch sehr unterschiedlichen Grundhaltungen der Väter in Ost- und Westdeutschland in bezug auf die Lebens- und Berufsbiographie ihrer Partnerinnen lassen sich auch mit anderen Fragen belegen. Bei der Antwortvorgabe: *»Kleinkinder sollten in den ersten drei Jahren bei der Mutter/in der Familie sein«*, stimmten 71 % der westdeutschen und nur 33 % der ostdeutschen Väter zu. Bei den befragten Müttern findet sich eine ganz ähnliche Relation: nämlich 72 zu 38 %. Für die Eltern in den neuen Bundesländern ist es also eher etwas Selbstverständliches, wenn ihre Kinder in den ersten drei Lebensjahren auch außerhalb der Familie betreut werden. Daher stimmen sie auch mehrheitlich der Meinung zu, daß ein Kind unter drei Jahren eine gute Krippe ohne Schaden besuchen kann. Dieser Auffassung sind 75 % der Väter und 76 % der Mütter in Ostdeutschland. Im Westen findet sich diese Einstellung nur bei 28 % der Väter und bei 24 % der Mütter.

Ein anderes Beispiel für die unterschiedliche Bewertung der weiblichen Lebensbiographie findet sich in dem Fragenkatalog: *»Aus welchen Gründen, glauben Sie, scheiden Frauen aus dem Berufsleben aus?«* Die Antwortvorgabe: *»Weil sie sich um Haushalt und Familie kümmern wollen«*, hielten im Westen 75 % der Väter für zutreffend, im Osten dagegen nur 14 %. Für die ostdeutschen Väter sind solche Vorstellungen offenbar etwas völlig Fremdes. Es ist für sie auch weniger vorstellbar, daß eine Frau für längere Zeit als den Erziehungsurlaub zu Hause bleibt. So meinen 69 % der Väter in den neuen Bundesländern, daß dies keine »attraktive Lebensperspektive« für eine Frau wäre. Die westdeutschen Väter vertreten nur zu 33 % diese Auffassung. Die insgesamt partnerschaftlicheren Grundeinstellungen der ostdeutschen Väter spiegeln sich also auch in diesen Bewertungen wider, während sich die westdeutschen Väter hierbei wiederum konservativer zeigen.

Betrachtet man in diesem Zusammenhang die Meinungen der Mütter (sozusagen als Gegentest zu den Aussagen der Väter), dann findet die partnerschaftlichere Grundeinstellung der ostdeutschen Väter auch bei den Müttern ihre Entsprechung. Bei der Frage (mit mehreren vorgegebenen Antwortmöglichkeiten): *»Welche Nachteile verknüpfen Sie oder würden Sie mit einem beruflichen Aufstieg verknüpfen?«*, meinten nur 13 % der ostdeutschen Mütter: *»Mein Partner ist dagegen.«* Auf westdeutscher Seite vertraten immerhin 41 % der Mütter diese Auffassung. Die Mütter aus den neuen Bundesländern erhalten also von ihren Partnern offensichtlich eine sehr viel höhere Unterstützung als die westdeutschen.

Diese Ergebnisse zeigen, daß die Einstellungen doch (noch) sehr von der Realität und von den bisherigen Erfahrungen geprägt sind. Nicht nur die sehr hohe Erwerbsquote bei den Frauen in der früheren DDR, sondern auch der hohe Grad an institutionalisierter Kinderbetreuung haben dazu beigetragen, daß sich dort die Lebens- und Berufsbiographie der Frauen der der Männer weitgehend angenähert hat. Im Westen dagegen herrscht für die meisten Frauen das Phasenmodell vor, sofern sie sich einmal für Kinder und Familie entschieden haben, insbesondere weil es für die Kleinkindbetreuung, das heißt für Kinder unter drei Jahren, praktisch keine Betreuungsmöglichkeiten gab bzw. auch jetzt noch nicht gibt. Diese grundverschiedenen Ausgangssituationen in Ost und West, begleitet von den jeweiligen ideologisch gefärbten familienpolitischen Leitvorstellungen, haben offensichtlich das Bewußtsein, die Einstellungen und die Wünsche der hier befragten Eltern maßgeblich beinflußt, so daß die zum Teil erheblichen Diskrepanzen in den Einstellungen und Wertungen zwischen ost- und westdeutschen Eltern so erst verständlich werden.

Die Beteiligung an der Kinderbetreuung und Hausarbeit

Bei den Vätern aus den alten und neuen Bundesländern war zunächst von Interesse, das Verhalten der Väter in bezug auf Kinderbetreuung und Hausarbeit an den Antworten der unabhängig davon befragten Mütter zu messen. Die Einschätzungen der ostdeutschen Väter und Mütter in bezug auf die Kinderbetreuung unterscheiden sich vor allem im mittleren Bereich, also zwischen der 30- und 50-Prozent-Marke (auf einer Skala von 0–100%). Hier beurteilen sich die Väter deutlich besser, als die Mütter sie sehen. Dafür haben die Mütter im unteren und oberen Bereich der Prozentskala ein positiveres Bild von ihren Partnern, was dazu beiträgt, daß die Väter im Gesamtdurchschnitt nur einen geringfügig höheren Wert haben. Nach der Selbsteinschätzung der Väter beteiligen sie sich durchschnittlich zu 38% an der Kinderbetreuung, nach der Einschätzung der Mütter zu 37%.

Ein ganz ähnliches Ergebnis, was den Verlauf der Häufigkeitsverteilung betrifft, können wir auch bei den Vätern und Müttern in den alten Bundesländern beobachten. Dort haben die Mütter ihre Partner im unteren und oberen Bereich ebenfalls besser eingeschätzt, während die Väter selbst im mittleren Bereich ein positiveres Bild von sich gezeichnet haben. Insgesamt gesehen, stimmen die Einschätzungen der Mütter und Väter weitgehend überein, allerdings zeigen die Kurvenverläufe, daß die Antworten in Westdeutschland homogener sind als in Ostdeutschland.

Was wir bereits bei den Vätern aus den alten Bundesländern sehen konnten, trifft auch in abgeschwächter Form für die Väter aus den neuen Bundesländern zu: Sie beteiligen sich mehr an der Betreuung der Kinder als an der Hausarbeit. Ihre durchschnittliche Beteiligung an der Kinderbetreuung beträgt 38%, an der Hausarbeit 36%. Zur Erinnerung die westdeutschen Väter: Hier beteiligen sich die Väter durchschnittlich zu 40% an der Kinderbetreuung und zu 28% an der Hausarbeit. Die Differenz zwischen den Anteilen an der Kinderbetreuung und an der Hausarbeit ist in Westdeutschland besonders augenfällig. Eine Erklärung hierfür könnten die weiter oben diskutierten Ergebnisse liefern. Die westdeutschen Väter gehören im Vergleich zu den ostdeutschen, was Partnerschaft und die partnerschaftlichen Einstellungen betrifft, offenbar noch zu den Rückständigen. Ihr »Aufbruch«, von dem seit einigen Jahren gesprochen wird und der auch in der vorliegenden Untersuchung zumindest für die jüngeren unter ihnen belegbar ist, beschränkt sich vornehmlich auf Tätigkeiten, die auch gesellschaftlich anerkannter sind als Hausarbeit – nämlich die Kinderbetreuung.

Bei der Kinderbetreuung tun sie im Durchschnitt sogar etwas mehr als die ostdeutschen Väter. Das läßt sich auch an der sogenannten Dienstagsfrage (*Wer hat das Kind/die Kinder am letzten Dienstag betreut?*) nachweisen: Väter im Westen betreuen ihre Kinder durchschnittlich 3,27 Stunden und die Väter im Osten nur 2,38 Stunden. Die im Vergleich zum Westen niedrigeren Werte bei der Kinderbetreuung könnten aber damit erklärt werden, daß die Kinder in den neuen Bundesländern im Durchschnitt etwa drei Stunden länger in öffentlichen Betreuungseinrichtungen sind als im Westen. Die realen Betreuungsmöglichkeiten bzw. Betreuungszeiten in der Familie sind daher im Osten sehr viel kürzer als im Westen. Da auch die Erwerbsquote der Partnerinnen der befragten Väter sehr viel höher ist als in Westdeutschland (im Osten 61 %, im Westen 36 % – ohne Arbeitslose), konzentriert sich die »Familienarbeit« für beide Elternteile in den meisten Fällen auf den späten Nachmittag und frühen Abend.

Für beide Gruppen – Väter aus den neuen Bundesländern und westdeutsche Väter mit einer vollerwerbstätigen Partnerin – ist aber festzustellen, daß sie, was die Mithilfe bei der Hausarbeit betrifft, sich ganz deutlich von den übrigen Vätern im Westen abheben, das heißt, sie tun erheblich mehr.

Der wesentliche Grund hierfür dürfte in der Tatsache zu sehen sein, daß beide Elternteile (voll) arbeiten. Sie sind daher im Vergleich zu Vätern mit einer nichterwerbstätigen Partnerin eher »gezwungen«, die familiären Aufgaben in der neben der Berufstätigkeit noch verbleibenden Zeit gleichwertiger untereinander aufzuteilen. Das erklärt auch, warum die Differenz zwischen den Durchschnittswerten von »Anteil Hausarbeit« und »Anteil Kinderbetreuung« bei den Vätern im Osten sowie bei den westdeutschen Vätern mit einer vollerwerbstätigen Partnerin sehr viel geringer ist als bei allen anderen Vätern im Westen.

Vergleichen wir nun insgesamt die Beteiligung der Väter an der Hausarbeit, dann zeigen bereits die deutlichen Unterschiede bei den Durchschnittswerten, daß nur einzelne Teilgruppen der westdeutschen Väter (diejenigen mit einer vollerwerbstätigen Partnerin) an den Durchschnittswert *aller* Väter in Ostdeutschland heranreichen. Bei einem Blick auf die Häufigkeitsverteilung beider Vätergruppen aber wird der Unterschied erst richtig sichtbar (vgl. Abb. 3). In Zahlen ausgedrückt heißt das, daß sich in den neuen Bundesländern 72% aller Väter in einem Umfang von 30 bis 50% an der Hausarbeit beteiligen. In den alten Bundesländern liegt der Schwerpunkt weiter links – also im unteren Bereich –, wie aus dem Flächendiagramm deutlich hervorgeht. Hier übernehmen 48% der Väter 10 bis 30% der Hausarbeit. Bei der unmittelbar vergleichbaren Kategorie »30 bis 50%« sind es 47%. Selbst wenn man nur von den Angaben der Mütter aus Ostdeutschland ausgeht, die ja die Beteiligung ihrer Partner an der Hausarbeit etwas ungünstiger beurteilen, dann ist die Differenz zwischen den Vätern im Osten und Westen Deutschlands auch dann noch beträchtlich: Nach der Einschätzung der ostdeutschen Mütter übernehmen 61% ihrer Partner 30 bis 50% der Hausarbeit. Gerechterweise ist diesen Angaben dann auch die Sicht der westdeutschen Mütter gegenüberzustellen, die ebenfalls ihre Partner etwas schlechter beurteilen, wenn auch hier die Differenz zwischen der Väter- und Mütterbefragung nicht so groß ist wie in den neuen Bundesländern. Nach der Meinung der westdeutschen Mütter beteiligen sich 39% ihrer Partner in einem Umfang von 30 bis 50% an der Hausarbeit.

Abbildung 3
Anteil der Väter an der Hausarbeit (Selbsteinschätzung)

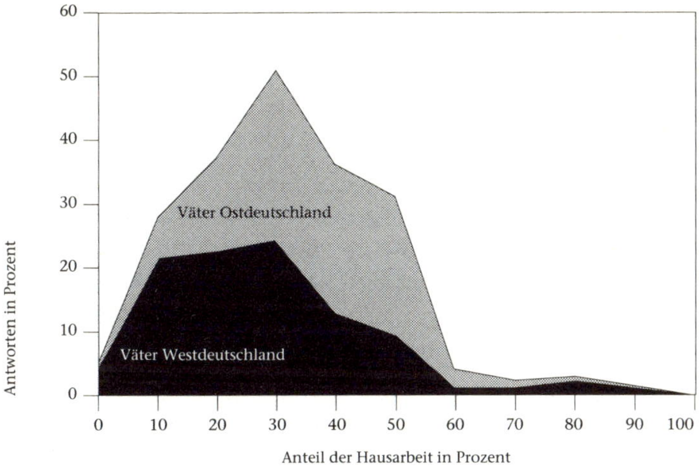

Die Beurteilung der Partnerbeziehung

In den neuen Bundesländern sind die Väter in überwiegendem Maße (87 %) mit ihrer Partnerschaft zufrieden oder sehr zufrieden. Sie liegen damit nur geringfügig unter dem Wert der westdeutschen Väter (90 %). Bei der Hausarbeit und Kinderbetreuung sind die Unterschiede allerdings etwas größer. Die ostdeutschen Väter sind dort mit der Aufgabenteilung etwas weniger zufrieden: Zufrieden und sehr zufrieden mit der Arbeitsteilung bei der Hausarbeit sind 62 % der Väter im Osten und 71 % im Westen, bei der Kinderbetreuung sind es 60 zu 69 %. Das vor allem bei der Hausarbeit größere Engagement der ostdeutschen Väter führt also nicht »automatisch« auch zu einer größeren Zufriedenheit mit der familiären Arbeitsteilung. Man(n) ist selbstkritischer, und auch die Erwartungshaltung der Partnerin dürfte vermutlich gößer sein, auch wenn sich das nicht unmittelbar in der Zufriedenheit der von uns befragten Mütter ausdrückt. Die ostdeutschen Mütter unterscheiden sich in dieser Beziehung kaum von den westdeutschen; sie sind in gleichem Maße mit ihren Partnern zufrieden bzw. unzufrieden wie die Mütter im Westen.

Die selbstkritischere Einstellung oder die größere Zurückhaltung der Väter im Osten zeigt sich auch bei der Frage, ob sie genug bei der Kinderbetreuung mithelfen. Hier sind 27% der Meinung, daß sie zu wenig mithelfen; die Väter im Westen meinen dies zu 22%. Noch deutlicher wird der Unterschied bei der Frage, ob man das Gefühl hat, genug für das Kind/die Kinder zu tun. Hier entfallen auf die Einschätzung: *»Ja, ich tue alles, was ein guter Vater tun kann«*, 22% der Antworten im Osten und 37% im Westen. Offenbar haben die ostdeutschen Väter eine größere Anspruchshaltung an sich selbst als die westdeutschen Väter. Aus der geringfügig geringeren Beteiligung an der Kinderbetreuung im Vergleich zu den Vätern im Westen allein läßt sich diese doch erhebliche Differenz nicht erklären. Eher noch könnte die allgemeine Grundstimmung und die objektiv schwierige Lage in Ostdeutschand hierfür eine Erklärung geben. Denn alles für sein Kind zu tun, muß sich nicht ausschließlich auf die Betreuung und das Leben mit Kindern beziehen; hierzu gehört auch, was man seinem Kind bieten kann (beispielsweise Ausstattung und Lage der eigenen Wohnung, Spielzeug etc.) wie auch die eigene berufliche Situation.

In dieser Beziehung aber haben viele Väter in den neuen Bundesländern zum Teil ganz erhebliche Schwierigkeiten. So geben 27% der Väter im Osten gegenüber 15% im Westen an, daß ihr Kind zu wenig Platz in der Wohnung hat. 39% sind der Meinung, daß das Kind in einer ungesunden Umwelt aufwächst! Im Westen sind dies mit 29% ebenfalls noch sehr viele, wenn auch deutlich weniger als im Osten. Und nach Ansicht von 40% der ostdeutschen Väter hat das Kind zu wenig Spielmöglichkeiten draußen; bei den westdeutschen sind es dagegen »nur« 20%. Die Umwelt des Kindes, die Bedingungen, unter denen das Kind aufwächst, werden also, wenn man das subjektive Empfinden der Väter ernst nimmt, im Osten Deutschlands wesentlich schlechter eingeschätzt als im Westen. Hieraus mag auch ein Teil der Einschätzung der ostdeutschen Väter herrühren, nicht alles für ihr Kind tun zu können.

Die Arbeitslosigkeit bzw. die drohende Arbeitslosigkeit stellt für die ostdeutschen Väter die größte Belastung dar

Zu den ungünstigen Bedingungen, unter denen die Kinder in Ostdeutschland aufwachsen, gehört sicherlich auch die Arbeitslosigkeit bzw. das Gefühl der drohenden Arbeitslosigkeit ihrer Eltern. Wie aus Tabelle 2 hervorgeht, wird dieses Problem bei mehr als jeder zweiten Familie im Osten als mittlere bis starke Belastung empfunden. Dabei schätzen die Väter die diesbezügliche Problemsituation ihrer Ehefrauen noch höher ein als als ihre eigene. Im Westen ist es dagegen eher umgekehrt, allerdings spielt hier die Arbeitslosigkeit als Problem eine wesentlich geringere Rolle. Auch Geldsorgen werden im Osten häufiger als Problem genannt als im Westen, wo dies, prozentual gesehen, ebenfalls zu den schwierigsten Problemsituationen gehört.
Der eigene Gesundheitszustand und die Krankheit von Familienangehörigen werden in den alten wie auch in den neuen Bundesländern in sehr ähnlichen Relationen als Belastung gesehen. Allerdings sind die Mütter aus Ostdeutschland stärker davon betroffen als die befragten Väter. Ihren eigenen Gesundheitszustand empfinden 30% als mittlere bis starke Belastung und die Gesundheit von Familienangehörigen sogar 46%. Die Mütter liegen damit deutlich über den Prozentwerten der Väter. (Im Gegensatz zu Westdeutschland, wo für beide Gruppen doch sehr ähnliche Werte ermittelt wurden, und sie liegen um einige Prozentpunkte auch über den Werten der westdeutschen Mütter.) In bezug auf den eigenen Gesundheitszustand beträgt die Relation 26 zu 30%, in bezug auf die Krankeit von Familienangehörigen 39 zu 46%.

Tabelle 2
Väter aus den alten und neuen Bundesländern nach Problemsituationen, die sie in den letzten 3 Monaten belastet haben

Antwortvorgaben	Väter neue Bundesländer		Väter alte Bundesländer	
	keine oder wenig Belastung	mittlere bis starke Belastung	keine oder wenig Belastung	mittlere bis starke Belastung
Arbeitslosigkeit od. drohende Arbeitslos. der Partnerin	38%	62%	88%	12%
Eigene Arbeitslosigk. od. drohende Arbeitsl.	45%	55%	83%	17%
Geldsorgen	40%	60%	57%	43%
Eigener Gesundheitszustand	78%	22%	72%	18%
Krankheit von Familienangehörigen	61%	39%	62%	38%
Beziehungsprobleme mit dem Partner	86%	14%	83%	17%
Kindererziehungs - konflikte	86%	14%	76%	24%
Scheidung/ Trennung	93%	7%	90%	10%

Krankheit als Belastung spielt also in allen Familien, sei es im Osten oder Westen, eine sehr viel stärkere Rolle, als bisher angenommen wurde. Das gilt auch für die anderen in dieser Studie untersuchten Länder, wo die Werte z.T. sogar noch weit darüber liegen.

Zuletzt ist noch auf einen weiteren interessanten Unterschied zwischen West- und Ostdeutschland hinzuweisen, der sich auch bei den Mütterbefragungen zeigt: Die ostdeutschen Eltern haben untereinander weniger Konflikte als die westdeutschen, was die Kindererziehung betrifft. In Ostdeutschland sehen dies 14% der Väter und 17% der Mütter als Belastung an, in Westdeutschland sind es bei den Vätern 24% und bei den Müttern sogar 27%. Das stärkere Engagement der westdeutschen Väter in der Kinderbetreuung hat also auch seinen Preis. Es ist zu vermuten, daß sie stärker als die ostdeutschen Väter bei der Erziehung der Kinder ihre Meinung durchsetzen wollen. Die Väter in den neuen Bundesländern sind offenbar auch in dieser Beziehung toleranter und partnerschaftlicher eingestellt. Die vorausgegangenen Befunde könnten jedenfalls einen solchen Schluß zulassen.

Abschließende Bemerkungen

Im Vergleich zwischen Ost- und Westdeutschland zeigen sich deutliche Unterschiede in den Einstellungen zur Partnerschaft und im partnerschaftlichen Verhalten. Die ostdeutschen Väter sind in vielen Punkten partnerschaftlicher eingestellt als die Väter in Westdeutschland. Sie unterstützen am stärksten ihre Partnerinnen bei der Lösung des Problems »Kind oder Beruf«, und zwar besonders dann, wenn die Frauen beide Optionen verwirklichen wollen. Den Grund hierfür sehen wir vor allem in der traditionell höheren Erwerbsbeteiligung von Frauen und den jahrzehntelangen Erfahrungen mit diesem Modell.
Da nach der Wiedervereinigung die Erwerbsbeteiligung der Frauen, aber auch die öffentliche Kinderbetreuung in Ostdeutschland für absehbare Zeit nicht mehr auf dem früheren DDR-Niveau zu halten ist, stellt sich die Frage, ob sich durch die neue Situation auch die Einstellungen und die Verhaltensmuster verändern werden und wenn, welche Auswirkungen könnte dies auf die Partnerschaft der ostdeutschen Eltern haben? Zum Zeitpunkt der Befragung – also im Frühjahr 1992 – war jedenfalls, wie die Ergebnisse zeigen, noch relativ wenig von einer beginnenden Veränderung in den Einstellungen zu spüren. Allerdings war zum damaligen Zeitpunkt die Erwerbsbeteiligung der befragten Mütter und der Partnerinnen der be-

fragten Väter im Osten noch sehr viel höher als im Westen. Ähnliches gilt für die öffentliche Kinderbetreuung, die insbesondere für Kinder im Krippenalter noch erheblich mehr in Anspruch genommen wurde als im Westen. Die genannten Strukturen hatten sich bis zum Befragungszeitpunkt also noch nicht so verändert, daß sie zu einem sichtbaren Angleichungsprozeß zwischen den Vätern in Ost- und Westdeutschland geführt hätten. Dennoch steht zu befürchten, daß auf längere Sicht auch im Osten Deutschlands ein Wandel in den Einstellungen und im Verhalten stattfinden wird.

Wenn wir in diesem Zusammenhang an die nunmehr zwanzigjährige Diskussion über die ungleiche Rollen- und Arbeitsteilung von Frauen und Männern in der alten Bundesrepublik denken und an den mühsamen Prozeß, hieran etwas zu verändern, sei es auch nur schrittweise, und uns dann die Ergebnisse für die neuen Bundesländern anschauen, stellt sich die Frage, was wird mit der Umstrukturierung an Werten und Verhaltensweisen in bezug auf Partnerschaft und gleiche Chancenverteilung aufgegeben? In der augenblicklichen Diskussion herrscht verständlicherweise die frauen- und familienpolitische Problemsicht vor, das heißt die Verdrängung der Frauen vom Arbeitsmarkt und von den besseren bzw. chancenreicheren Arbeitsplätzen, der Abbau der öffentlichen Kinderbetreuung usw. Relativ wenig Beachtung findet dagegen die Rolle der Männer/Väter in diesem Prozeß, und zwar bezogen auf ihre Rolle im privaten und familiären Bereich. Gerade in diesem Bereich haben aber die 40 Jahre Sozialismus bei den Männern zu einem partnerschaftlichen Verhalten geführt, von dem der Westen vermutlich noch einige Jahrzehnte entfernt zu sein scheint, wenn wir die Ergebnisse dieser Untersuchung ernst nehmen.

JUGENDSEXUALITÄT UND EMANZIPATION

Gunter Schmidt

Im Sommer und Herbst 1990, unmittelbar vor der Vereinigung beider deutscher Staaten, führten die Abteilung für Sexualforschung der Universität Hamburg und das inzwischen aufgelöste Zentralinstitut für Jugendforschung in Leipzig[1] eine Studie über Partnerschaft, Liebe und Sexualität an west- und ostdeutschen Jugendlichen durch. 687 16- und 17jährige Jungen und Mädchen aller Schulbildungsgruppen aus Leipzig, Hamburg und Frankfurt am Main wurden interviewt. Die Gespräche dauerten ein bis zwei Stunden. Mädchen wurden von Frauen, Jungen von Männern befragt.[2]

Unzweifelhaft bestimmen das reale Geschlechterverhältnis und der öffentliche Diskurs dieses Verhältnisses Sexualität wie Selbstbild von Männern und Frauen – und von Jungen und Mädchen, die sich gerade anschicken, erwachsen zu werden.

Die Emanzipation der Frau war in der DDR und in der BRD auf unterschiedlichen Wegen vorangeschritten: Im Osten »material« durch die beinahe 100%ige Quote berufstätiger Frauen und durch die hohe Zahl der Kindergartenplätze; im Westen »kulturell« durch die feministische Diskussion, die die Sensibilität für (und bei) Frauen den Widerstand gegen sexistische Diskriminierung und Unterdrückung in Beruf, Öffentlichkeit und privatem Leben förderte und verstärkte. Beide Entwicklungen blieben relativ. Die Integration der Frauen ins Erwerbsleben hob ihre berufliche und soziale Diskriminierung in der DDR so wenig auf wie die Verbreitung traditioneller Geschlechtsrollenkonzepte;[3] die feministische Offensive im Westen hatte ihre Auswirkungen vor allem auf die Mittelschicht und ist von vielen Rückschlägen gekennzeichnet.[4]

Die unterschiedlichen Emanzipationsprozesse spiegeln sich in unserer Studie deutlich wider. Die Mütter der Leipziger Jugendlichen waren viel häufiger ganztags berufstätig und sehr viel seltener Hausfrauen als die Mütter der Jungen und Mädchen aus Hamburg und Frankfurt.[5] Diesen Erfahrungen entsprechend, gehen Mädchen aus dem Osten häufiger davon aus, daß auch sie selbst einmal berufstätig sein werden, wenn die eigenen Kinder noch klein sind; ein Hausfrauenleben, auch vorübergehend, können sie sich viel schwerer vorstellen als die Mädchen aus dem Westen.[6]

Unsere Interviews wurden vor der Vereinigung geführt. Inzwischen sind die »materialen« Emanzipationsfortschritte im Osten weitgehend zerstört, die Mädchen aus Leipzig würden, heute befragt, sicherlich anders antworten.

Hamburgerinnen und Frankfurterinnen hatten, verglichen mit den Mädchen aus dem Osten, eine deutlich schärfere Wahrnehmung der sozialen Diskriminierung von Frauen. Sie glauben sehr viel häufiger als gleichaltrige Leipzigerinnen, daß Frauen generell sozial benachteiligt sind, und sie haben sich auch sehr viel häufiger selbst schon einmal als Frau benachteiligt gefühlt.[7] Zur Annahme einer größeren Sensibilisierung für Geschlechterfrage und Geschlechterauseinandersetzung im Westen paßt übrigens auch der Befund, daß die Mädchen im Westen eine deutlich strengere Definition von »sexueller Belästigung« haben. Bei den Jungen aus Hamburg und Frankfurt spiegelt sich diese Sensibilisierung daran wider, daß sie unkonventionellen Rollenarrangements in Familie und Beruf offener gegenüberstehen als Jungen aus dem Osten. Sie akzeptieren beispielsweise eher teilzeitliche Berufstätigkeit, wenn sie einmal Kinder haben werden, und sie lehnen eine Rollenumkehr – Mann als Hausmann oder »mitarbeitender Elternteil« – weniger strikt ab. Es besteht eine größere Affinität zu neuen Lebensformen in der Familie, zumindest in der Vorstellung.[8]

Haben die unterschiedlichen Emanzipationsprozesse auf das sexuelle Verhalten und Erleben der Jungen und Mädchen einen Einfluß? Es ist schwierig, diese Frage anhand unserer Daten zu untersuchen, und im Ergebnis führt diese Untersuchung zu kaum mehr als einem Gedankenspiel. Immerhin fallen einige – komplimentäre – Tendenzen bei Jungen und Mädchen auf, die etwas mit den unterschiedlichen Emanzipationsprozessen zu tun haben könnten.

Jungen aus dem Westen leben häufiger sexuell enthaltsam als die aus dem Osten und geben seltener ein »starkes sexuelles Verlangen« als Beweggrund für Geschlechtsverkehr an.[9] Sie erleben die Sexualität als weniger dranghaft oder »triebhaft« und verbinden Sexualität stärker mit Liebe, Partnerschaft und Treue, das heißt, sie sind »romantischer«. Hamburger und Frankfurter bedrücken eher die »modernen« psychischen Risiken von Sexualität und Partnerschaft: Sie fürchten, den sexuellen Ansprüchen des Mädchens nicht zu genügen, haben Zweifel an ihrer Attraktivität, Beziehungs- und Kontaktfähigkeit und sind besorgt über die möglichen negativen Folgen von Beziehungen wie Eifersucht, Trennung, Untreue der Partnerin und Enttäuschung. Bei den Leipzigern hingegen überwiegen »traditionelle« Befürchtungen im Zusammenhang mit Sexualität wie Schwangerschaft und übertragbare Krankheiten. Die »Psychologisierung« der Sexualität scheint bei ihnen nicht so weit vorangeschritten.

Mädchen aus dem Osten sind häufiger koituserfahren als die aus dem Westen und wünschen sich eher Geschlechtsverkehr, wenn sie noch unerfahren sind; sie beschreiben den Geschlechtsverkehr deutlich häufiger als lustvoll, befriedigend, als eine Erfahrung, die sie bald wiederholen wollen, als erlebnisreich und bestätigend (»glücklich«, »großes Erlebnis«, »als Frau bestätigt«); zudem haben sie den ersten Orgasmus häufiger beim Geschlechtsverkehr als die von uns befragten Mädchen im Westen.[10] Man könnte den Eindruck gewinnen, daß ihnen der Geschlechtsverkehr, die »Penetration«, weniger verdächtig ist als Akt phallokratischer Anmaßung oder als Dominanzgeste des Mannes.

Mädchen aus dem Westen erleben ihren ersten Orgasmus häufiger partnerunabhängig, nämlich bei der Masturbation. Sie beharren auf einem längeren Intervall zwischen erstem Petting und erstem Geschlechtsverkehr, übernehmen häufiger die Initiative beim Geschlechtsverkehr, fragen sich seltener, ob sie es beim Koitus dem Jungen recht machen, und sagen seltener, daß sie es »ihm zuliebe« tun. Alles deutet darauf hin, daß sie eher darauf bedacht sind als die Leipzigerinnen, auf Kontrolle in sexuellen Situationen zu beharren, den Verlauf sexueller Beziehungen aktiv selbst zu bestimmen und ihre Autonomie zu betonen.[11] Die Angaben der Jungen spiegeln die Berichte der Mädchen im großen und ganzen wider: So berichten Westjugendliche beispielsweise häufiger als die im Osten, daß ihre Partnerinnen die Initiative zum Geschlechtsverkehr ergreifen. Festzustellen bleibt, daß die Gemeinsamkeiten zwischen Mädchen und Jungen aus Ost und West, oder genauer: aus der DDR und der (alten) BRD, weitaus größer sind als die Unterschiede. Doch fassen wir die Nuancierung noch einmal zusammen: Dort (im Osten) bei den Mädchen eher ein unbefangenes und genußvolles Einlassen auf Koitusbeziehungen, hier (im Westen) eher Skepsis gegenüber dem, was von solcher Betätigung zu erwarten ist, und eine stärkere Abgrenzung von den Jungen; hier eine stärkere Tendenz der Jungen zur Romantisierung und Psychologisierung der Sexualität, eine größere »Triebferne« sowie eine größere Neigung, Sexualität zu intimisieren; schließlich bei Jungen und Mädchen im Westen eine kritischere Wahrnehmung des Geschlechterverhältnisses. Diese Nuancen regen zu folgender Spekulation an: Die Problematisierung heterosexueller Beziehungen und die Entsexualisierung des Mann-Frau-Verhältnisses waren in der DDR weniger fortgeschritten als in der BRD, unter Jugendlichen zumindest.[12] Das ließe sich deuten einerseits als eine Verkennung der Wirklichkeit des Geschlechterverhältnisses, die erst die »kulturelle« Emanzipation erschloß; andererseits zeigt ein selbstbewußtes Annehmen des »Geschlechtsverkehrs« bei den Mädchen eine subjektiv sichere (nach der Vereinigung allerdings zerstörte) Perspektive ökonomischer Unabhängigkeit vom Mann.

1 Die örtliche Teilstudie leitet Prof. Dr. Kurt Starke, Leipzig.

2 Vgl. Kurt Starke und Konrad Weller. West- und ostdeutsche Jugendliche. Eine östliche Sicht; sowie Gunter Schmidt, Carmen Lange und Christine Gaenslan-Jordan. West- und ostdeutsche Jugendliche. Eine westliche Sicht; beides in Gunter Schmidt (Hg.), Jugendsexualität. Sozialer Wandel, Gruppenunterschiede, Konfliktfelder. Enke, Stuttgart 1993 a.

3 Ingrid Arbeitlang. Wie befreiend war die DDR-Frauenförderung? Argument 35, S. 231–240, 1993.

4 Susan Faludi. Die Männer schlagen zurück. Rowohlt. Reinbek 1993.

5 Zwei Drittel (Ost) gegenüber einem Drittel (West) der Jugendlichen berichten, daß ihre Mutter ganztägig arbeitet, 3% gegenüber 28% geben an, daß ihre Mutter als Hausfrau tätig ist.

6 Ein Viertel der Leipzigerinnen, aber mehr als die Hälfte der Hamburgerinnen und Frankfurterinnen vermuten, daß sie zumindest vorübergehend »nur« Hausfrau sein werden, solange die Kinder klein sind.

7 Gut drei Fünftel der Mädchen aus dem Westen sehen Frauen als sozial benachteiligt, gut die Hälfte hat sich persönlich schon einmal als Frau benachteiligt gefühlt; im Osten machen nur halb so viele (drei Zehntel bzw. ein Viertel) eine entsprechende Aussage.

8 Z. B. wünschen sich 60% der Jungen aus dem Westen, aber nur 40% aus dem Osten eine höchstens teilzeitliche Beschäftigung, um den »Familienpflichten« nachzukommen, solange die Kinder klein sind.

9 Vgl. dazu im einzelnen Schmidt u. a., a. a. O., S. 68f.

10 Ebd., S. 67 f; sowie Gunter Schmidt. Emanzipation zum oder vom Geschlechtsverkehr? Pro Familia Magazin. Sexualpädagogik und Familienplanung 22, Heft 5, S. 7–8, 1993 b.

11 Vgl. Schmidt u. a., a. a. O., S. 76 f.; sowie Schmidt 1993b, a. a. O.

12 Gunter Schmidt. Emanzipation und der Wandel heterosexueller Beziehungen. In: Sonja Düring und Magret Hauch (Hg.). Heterosexuelle Verhältnisse. Enke, Stuttgart 1995.

Janine Berg-Peer

Geboren 1944 in Mecklenburg-Vorpommern als Tochter eines Deutschen und einer Französin-Griechin, aufgewachsen im Rheinland. Zwei Jahre Studium in Kairo, fünfzehn Jahre Ehe mit einem indischen Südafrikaner und fünf Jahre Berufstätigkeit an einer multinationalen Institution haben ihr die interkulturelle Konfrontation zum Alltag und Gegenstand wissenschaftlichen Interesses werden lassen. Nach dem Studium der Soziologie und Bildungsökonomie einige Jahre Frauenforschung an der TU Berlin, danach fünf Jahre Leiterin des Außenreferats einer europäischen Business School, danach Projektkoordinatorin in einer Unternehmensberatung im Ostteil Berlins, seit 1993 Beraterin bei einer amerikanischen Outplacementberatung und freie Trainerin zum Thema »Interkulturelle Kommunikation«. Vier Kinder und zwei Enkelkinder.

Stefan Berkholz

Wurde 1955 als ein Berliner Wirtschaftswunderkind geboren und ist mit der Mauer in der Stadt großgeworden. Immer mittenmang. Nicht mehr studentenbewegt wie die fünfzigjährigen Studienräte, noch nicht karrierebewußt wie die dreißigjährigen Überflieger. Taxifahrer. Germanist und Publizist und Schreiber; Zeitungen, Radio, zwei Bücher. Kinderlos. Single.

»Dissens e.V.«

Ist ein seit 1990 bestehendes Beratungs-, Bildungs- und Forschungsprojekt von Männern. Aus Männersicht werden Geschlechterhierarchie und ihre gewaltätigen Auswirkungen diskutiert. Der Verein leistet patriarchatskritische Jugend- und Erwachsenenbildungsarbeit bei freien Trägern und bietet Aus-

und Fortbildungsveranstaltungen für Pädagogen an. Außerdem wirken Mitarbeiter von »Dissens« beim Forschungsprojekt »Innerbetriebliche Gleichstellung – Reaktionen von Männern auf Frauenfördermaßnahmen« an der TU Berlin mit und führen in diesem Themenbereich Fortbildungen durch.
Die Gesprächsteilnehmer Manfred, Stefan und Andreas sind kinderlose Diplompädagogen, zwischen 1960 und 62 geboren, in der westdeutschen Provinz aufgewachsen, leben seit mehr als zehn Jahren in Berlin.

Jürgen Eger

1954 geboren, wuchs unter den ehemaligen Menschen der ehemaligen DDR in der ehemaligen Hauptstadt auf. Lief mit, als die im Westen längst schon Widerstandskämpfer waren: in den Kindergarten, die Schule, die Uni (was Technisches). Dann vorneweg. Wurde Künstler. Liedermacher. Mitorganisator diverser Groß- und Kleinresolutionen und Demonstrationen, Konzerte und Versammlungen des Herbstes '89. Verschiedene Fernseharbeiten. Lebt in Glienicke bei Berlin.
Bei dem hier abgedruckten Text »Die Sache mit Sylvi und mir« handelt es sich um eine gekürzte Fassung.

Claudio Hofmann

Geboren 1936, Kindheit und Jugend im Thüringer Wald, Feinmechanikerlehre beim VEB Carl Zeiss Jena, Studium der Mathematik und Physik an der Friedrich-Schiller-Universität in Jena. 1958 Flucht. Diplom und Promotion in Physik an der Universität Freiburg, als Physiker und Mathematiker an Universitäten in Basel, Izmir, Paris, seit 1974 an der Pädagogischen Hochschule Berlin und seit 1980 an der TU Berlin als Hochschullehrer für Erziehungswissenschaften mit Schwerpunkten Wissenschaftskritik und Gestaltpädagogik. In diesem Zusammenhang über Jahre patriarchatskritische Männerseminare, verheiratet mit der Sonderschullehrerin Gabriele Hofmann, ein Sohn.

Peter Hofmann
Wurde 1965 im thüringischen Sonneberg geboren, lernte Elektriker und studierte Gesellschaftswissenschaftliche Grundlagen. Seit 1990 ist er als Rundfunkjournalist tätig, seit 1992 freischaffend, auch als Autor von Lyrik und Short Stories. Keine Kinder.

Fritz-Jochen Kopka
Geboren 1944 in Güstrow. 1962 Abitur, Schriftsetzer, Studium der Journalistik in Leipzig, Grundwehrdienst, danach Redakteur beim Fernsehen der DDR, 1975–78 beim Literaturalmanach »Temperamente«, 79–89 bei der kulturpolitischen Wochenzeitschrift »Sonntag«, ab 91 »Wochenpost«. Herausgeber und Autor mehrerer Bücher. Zwei Töchter.

Joochen Laabs
Geboren 1937 in Dresden, aufgewachsen in der Niederlausitz. Abitur, Straßenbahnfahrer, Studium zum Diplomingenieur, wissenschaftliche Tätigkeit, daneben literarische Arbeiten, seit 1975 in Berlin, 1976 Redakteur des Literaturalmanachs »Temperamente«, 79 fristlose Entlassung der gesamten Redaktion, seitdem freiberuflich. 1986 und 1991 Gastdozenturen an Universitäten in den USA, 1985 Mitglied des P. E. N., 1993 Generalsekretär des Deutschen P. E. N. – Zentrums (Ost).
Veröffentlichungen von Gedicht- und Erzählbänden, drei Romane, Funkerzählungen u. a.; Fernsehfilmautor. Verheiratet, ein Kind.

Michael Lösel
Jahrgang 1957. Studium der Literaturwissenschaft, Soziologie und Politologie in Erlangen, wissenschaftlicher Assistent eines Industriemuseums. Freier Autor und Musiker. Rundfunkarbeiten und technischer Redakteur in Nürnberg. Heute freier Autor von EDV-Handbüchern in Nürnberg und Berlin. Geschieden, ein Sohn.

Hans-Joachim Maaz
Wurde 1943 im ehemaligen Sudetenland geboren, wuchs in Sebnitz/Sachsen auf, studierte Medizin in Halle/Salle, ist Nervenarzt und Psychotherapeut und Chefarzt der Psychotherapeutischen Abteilung im Diakoniewerk Halle, Vorsitzender des »Mitteldeutschen Institutes für Psychoanalyse Halle e.V.« und der »Deutschen Gesellschaft für analytische Psychotherapie und Tiefenpsychologie e.V.«.
Er ist verheiratet und hat zwei Kinder.

Katrin Rohnstock
Geboren 1960 in Jena, Germanistikstudium in Jena und Berlin, Tätigkeiten als Bibliotheksmitarbeiterin, Kellnerin, Verkäuferin, Redakteurin, Journalistin. Lebt als freischaffende Publizistin und Filmbuchautorin in Berlin, zwei Kinder.
Veröffentlichungen: »Frauen in die Offensive«, Berlin 1990; »Handbuch für Frauen aus den neuen Bundesländern«, Berlin 1991; »Stiefschwestern. Was Ost-Frauen und West-Frauen voneinander denken«, Frankfurt/Main 1994; »In Zwischenzeiten« (mit Astrid Landero) München 1995.

Jürgen Sass
Geboren 1941, Diplom-Soziologe und wissenschaftlicher Mitarbeiter des Deutschen Jugendinstitutes München, Arbeitsgruppe »Familie und Familienpolitik«, Forschungsschwerpunkte: die Verbindung von Familie und Arbeitswelt; sowie europäische Familienpolitik, insbesondere Erziehungsurlaub und Vereinbarkeit von Beruf und Familie. Wichtige Veröffentlichungen: »Mütter zwischen Beruf und Familie. Familienpolitik mit Mutterschaftsurlaub, Elternurlaub oder Erziehungsgeld?« (Mitautor), München 1983; »Woman, Work and Family. In Britain and Germany« (Mitautor), London 1986; »Kind, Beruf oder beides?« Brigitte-Untersuchung 1988 (Mitautor), Hamburg/München 1988. Verheiratet, drei Kinder.

Karl Scheithauer
Wurde 1965 in einer kleinen, westdeutschen Kreisstadt geboren, wo er seine Kindheit und Jugend verbrachte. Seine Studienjahre führten ihn nach Berlin und Paris. Er ist Politologe, lebt und arbeitet in Berlin.

Gunter Schmidt
Prof. Dr. phil., geboren 1938 , arbeitet an der Abteilung für Sexualforschung der Universität Hamburg und edierte u. a.: »Jugendsexualität. Sozialer Wandel, Gruppenunterschiede, Konfliktfelder«, Stuttgart 1993, und »Sexuell gestörte Beziehungen. Konzept und Technik der Paartherapie«, zusammen mit Gerd Arentewicz, Stuttgart 1993. Verheiratet, zwei Kinder.

Andrea Schramm
1968 in Karl-Marx-Stadt geboren, Studium der Journalistik an der Leipziger Universität und Filmregie in Potsdam/Babelsberg, seit 1990 freie Fernsehjournalistin. Lebt in Berlin, ledig und kinderlos.

Renate Wullstein
Wurde 1952 in Halle/Salle unter dem Sternzeichen Krebs geboren. Vater Diplomat, Mutter Lehrerin, drei Geschwister, aufgewachsen in Kinderheimen, Internat, bei der Großmutter. Leistungssport, Abitur, Studium Sportwissenschaft DHfK Leipzig, Kreissportlehrerin in Burg b. Magdeburg, Hilfsbibliothekarin, Schwimmeisterin, freiberuflich als Autorin tätig von 1976 bis 1989. 1982 Geburt ihres Sohnes. Ausreiseantrag in die BRD 1984, zurückgezogen 1986, Umzug von Berlin nach Paretz, dann Potsdam. Von 1990 bis 93 betrieb sie einen Antiquitäten- und Trödelladen. Seit 1994 empfängt sie Sozialhilfe und arbeitet als freischaffende Autorin.

Katrin Rohnstock (Hrg.)

Erotik macht die Häßlichen schön

Sexueller Alltag im Osten

208 Seiten, gebunden

Die Verantwortliche für Materialbeschaffung verführt den Abteilungsleiter. Die Intellektuelle bändelt im Café mit dem Klempner an. Die Studentin streift nächtens durch die Bars und vergnügt sich mit Dienstreisenden.
Daß es im Osten unbeschwerter, vergnüglicher, ja lustvoller zuging, enthüllt der Vergleich mit den westlichen Liebesverhältnissen. Männer und Frauen in der DDR – sie arbeiteten nicht nur gemeinsam, sondern amüsierten sich auch miteinander, und das ohne ökonomische Abhängigkeit und Absicht. Entgegen offiziöser Prüderie erzeugten die sozialistischen Kollektivstrukturen unbeschwerte Lust. Durch das Nacktbaden, den unspektakulären Umgang mit eigener und fremder Nacktheit, entwickelte sich ein »natürliches« Wissen vom Körper, jenseits der Normierung durch gesellschaftlich erzeugte Bilder, jenseits des Schönheitsterrors der Werbung.

OST WESTLICHER DIWAN

ELEFANTEN PRESS BERLIN